UNE

FAMILLE DE CHEZ NOUS

PAR QUELQU'UN D'ICI

Dédié à ceux qui n'en sont pas

Généalogie sans tache et
famille nombreuse et
ancienne (Tourdes,
éloge de P. Coze).

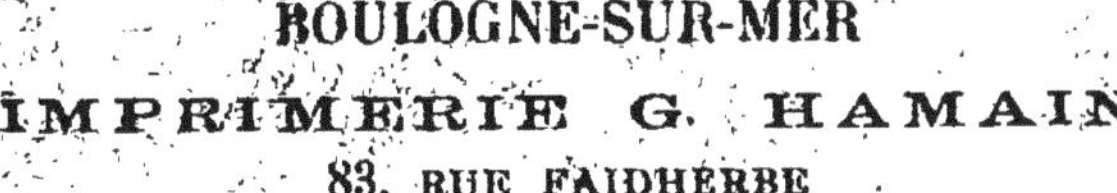

BOULOGNE-SUR-MER

IMPRIMERIE G. HAMAIN

83, RUE FAIDHERBE

—

1903

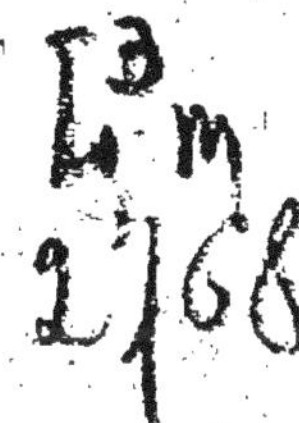

UNE

FAMILLE DE CHEZ NOUS

UNE

FAMILLE DE CHEZ NOUS

PAR QUELQU'UN D'ICI

Dédié à ceux qui n'en sont pas

> Généalogie sans tache et
> famille nombreuse et
> ancienne (Tourdes,
> éloge de P. Coze).

BOULOGNE-SUR-MER

IMPRIMERIE G. HAMAIN

83, RUE FAIDHERBE

—

1903

DEUX MOTS POUR COMMENCER

Le proverbe « Nul n'est roi dans son pays » n'a jamais été autant d'application qu'à notre époque de cosmopolitanisme républicain. Cependant il n'est guère à l'honneur de ceux qui vont chercher leurs monarques au dehors.

Ici, à Boulogne, et dans tout le pays boulonnais — comme ailleurs sans doute — les rois qui, par ces temps de république, nous viennent du dehors, pour notre malheur, sont de bien tristes sires, des roitelets sans envergure dont n'auront pas lieu, sans doute, de se louer les... intelligents qui les ont mis à notre tête.

L'an dernier, lors de la fête en l'honneur de Godefroy de Bouillon, j'établissais, à part moi, justement, un parallèle entre ces rois qui nous viennent du dehors et ceux qu'il reçoit d'ici, ou en a reçus : le rapprochement est tout à notre honneur.

La famille dont je vais parler ne fait que me confirmer dans cette conviction

que nous valons certainement beaucoup
mieux que tous ces envieux, ces déracinés,
ces étrangers qui ne sont pas de chez
nous, qui n'ont ni notre sang, ni notre
origine, ni nos qualités, ni nos défauts,
n'ont pas subi les mêmes influences tel-
luriques et de milieu que nous, et qui
dénigrent le boulonnais, ses habitants,
ses mœurs et ses coutumes, sans cause
ou raison logique autres que celles,
sans doute, du sentiment de leur infé-
riorité (1).

(1) On sait qu'il se forme une association qui
sera appelée « *l'Esprit de Clocher* » destinée à
lutter par tous les moyens, contre l'influence per-
nicieuse et malfaisante que les étrangers au Boulonnais ont acquise ici et dans toute cette province
— ceci dit sans faire de personnalité, bien entendu,
— il y a d'honorables exceptions qui ne font que
confirmer la règle. En tous cas, ceux qui croiraient
se reconnaître ici ne feraient que se condamner
eux-mêmes.

LA FAMILLE COZE

La famille à laquelle je viens de faire allusion est la famille, *Coze* ou *Cose*.

Etymologie. — Les noms de famille sont soumis à des lois mystérieuses soupçonnées, mais qui ne sont pas déterminées d'une façon précise. Sans prétendre d'une manière absolue qu'il existe un rapport étroit entre la signification des noms de famille et ceux qui les portent, il n'en est pas moins intéressant de connaître cette signification.

Que signifie donc le nom de Coze ?

Faut-il lui chercher une origine thioise, allemande ou anglaise ou dans la langue des fils d'Armor ? Devons-nous nous adresser à notre vieux patois qui a les mots *cose* et *cosette*, usités dans *quid* cose et *un cosette*, *quelque chose* et *un peu* et qui dérivent du latin *causa*, qui a fait le mot *cause* ?

Non. A mon avis le mot dont il s'agit est le vieux mot français *Coze*, *Coz* ou *Cos* formé de *couz*, *coux*, en basse latinité *kukus*, *cugus*, *cucussus*, *cucutiatus*, qui aujourd'hui a pour diminutif le nom de famille *Cozette* et pour synonyme le nom patronymique *Coquatrix* et un autre nom de forme adultérine que je ne cite pas ici. Tous ces mots signifiaient jadis « *cuisinier* » et dérivaient, comme le mot *coquemar*, du verbe latin *coquere, cuire ;* on appelle encore *coq*, le cuisinier d'un navire et *cocotte* une espèce de casserole.

On sait qu'à Audinghen, où on rencontre les premiers membres de la famille Coze, s'étaient fixées beaucoup de familles de la suite des ducs de Bourgogne : les Habart, lès le Ducq, les de Contes, etc. Le mot Le Ducq signifie même attaché à la personne du duc. Les ducs de Bourgogne avaient des officiers de bouche importants : *boutillier, échanson, pannetier,* etc. Il en était de même pour les cuisines de leurs palais et qui sait si le premier *Coze* n'était pas grand maître *queux* du duc de Bourgogne.

Après la signification du nom patronymique il est aussi, très intéressant de rechercher, entre d'autres prénoms, celui qui s'y trouve le plus souvent accolé. Il y a là, encore, une influence secrète tout à fait étrange, qui crée comme un lien mystérieux entre certain nom et certain prénom, la même, peut-être, qui amène et occasionne un nombre, bien plus grand que la moyenne de mariages entre personnes portant les mêmes prénoms. Pourquoi tel nom — fût-il porté par des familles n'ayant aucune communauté d'origine, tout à fait étrangères entre-elles — appelle, attire-t-il certains prénoms, déterminés, un surtout, à l'exclusion d'autres ? Est-ce celui d'un patron primitif ?...

A des centaines d'années et de lieues d'intervalle — aucun chercheur n'ignore cela — nous trouvons, en effet, le même nom de famille accompagné de ce même prénom satellite. Et cet accaparement se présente non seulement avec des personnages réels, mais encore avec des personnages imaginaires, à nom et prénom forgés par des romanciers.

La famille Coze n'a pas échappé à cette loi qui, il faut le dire, s'est un peu modifiée depuis la révolution, mais son effet se fait sentir davantage depuis quelques années. Parmi d'autres prénoms qui reviennent assez souvent dans leurs différentes formes ou modifications masculines ou féminines, et embarrassent, par leur fréquence, le chercheur et le généalogiste, tels que Adrien et Andrieu ou Agnieulx, Antoine, Jean, Jacques, Louis, Marc, Paul et Philippe, le prénom le plus en honneur dans cette famille est incontestablement celui de *Pierre*, dans ses différentes formes, Pierre, Pierquin, Perrotin, Perrine, Perrone, etc. C'est justement le prénom de Pierre qu'a porté le plus remarquable de ses membres.

Berceau, possession et *origine*. — Le berceau de la famille Coze est le Boulonnais où elle a possédé, notamment, les fiefs de la Plaine et Haringuezelle en Audinghen, et la Cressonnière sur Beuvrequen et Ambleteuse. Elle a fourni dans le passé, des baillis d'Odre, Audinghen et Waringuezelle, des soldart et appoinctés de la Compagnie du Seigneur de la Rivière, un capitaine d'une compagnie de Mgr de Hesmont, des députés, curés et marguilliers de paroisses, un fermier et receveur général et admodiateur de l'abbaye de Beaulieu, des bourgeois et notables de villes et paroisses, etc.

Elle s'y est alliée aux Dausy, Daudenthun de Malassise, d'Audruy de Zunesticq, Bonvoisin, Boutillier, Caron des Hoddes, le Cat du Noirbos, du Crocq, le Ducq, Desrideaux, Le Febvre de Vincelle, Framery de Conincthun, de Grandsire, Harelle, Herbaut, Hermel, Huguet, Isaac, Lamiable du Fillier, de Lattre, Lavoine, de Leau, Lonquéty de la Routière, Lonquéty de Warincthun, Lougez, Le Mattre, de Lenieppe, Paquentin d'Evrebrœucq, Petit, du Pré, du Pont du Coulombier de Hasebronne, Queval de la Vassellerie, Rault, Routier de la Salle, Le Sage, Warnier, et — avec ou sans particule — aux Bonningues, Habart, Hautefeuille, Ohier, Parenty, etc. (1), dont beaucoup, sinon toutes, étaient des meilleures de la province.

Par suite de ces alliances elle s'est trouvée apparentée aux Le Ducq de Belenclos, Le Cat du Bresty, Platrier, Cugny, le Cat de Wambringue, Hamain des Cotois, Hamerel de Crenazeu, Du Pont de la Motte, Haffreingue, Wargnier de Wailly, Brunet, Warnier du Wicq, Masson du Flos, Frest d'Imbrethun, du Flos, le Porcq de Vilmarest, le

(1) On sait qu'en Boulonnais de nombreuses familles devraient faire précéder leur nom de la particule, les familles Parenty, Habart, Boningue, Hautefeuille, Ohier sont dans ce cas, avec les familles Verlingue, Honvault, Calais, Macquinghem, Bonnière, etc. ; leur droit à cette particule pour ceux qui ne sont pas des ignorants en la matière est incontestable.

Porcq d'Herlen, etc. Monseigneur *Benoît* Agathon Haffreingue et saint *Benoît* Joseph Labre étaient aussi de cette parentèle.

A notre époque, elle a fourni des docteurs, agrégés et professeurs de médecine, des médecins militaires et médecins en chef d'armée, des maires, agriculteurs, écrivains, prêtres, religieuses, administrateurs de sociétés industrielles, membres de sociétés, artistes et savants, tous remarquables, dévoués et de grand mérite.

Elle compte aussi plusieurs chevaliers de la Légion d'honneur qui ont, eux, mérité cette distinction.

Dom François Ganneron, religieux de la Chartreuse de Neuville en Boulonnais, dans son ouvrage sur les Comtes de Boulogne, dit, quelque part, que dans le Boulonnais, tout le monde était noble, surtout le premier né des familles. C'était une particularité que ce pays avait avec certaines parties de la Bretagne, de l'Anjou et même du Poitou. C'est ce qui explique la quantité de fiefs de noms et de formes si variés et si pittoresques qui s'y rencontraient, et pourquoi, il y a trente ans à peine, la propriété des biens de la plupart des bonnes familles du pays, avait, à peu près toujours, une origine trois et même quatre fois séculaire entre leurs mains.

Comme la plupart des autres familles, la famille Coze remontait jusqu'aux confins du XVe siècle.

Le premier que l'on rencontre est Jehan, propriétaire à Audinghen, en 1500, (*note de M. Hamerel-Parenty*).

Viennent ensuite :

Pierre, fils d'Andrieu, qui tenait du seigneur de Marquise, le *chef-lieu* de Marquise nommé *la Salle*.

Pierquin, neveu et héritier de M⁰ Agneulx Coze, curé de Marquise.

Jehannette Coze, femme de Jehan de Bedewatre et nièce de feu Maistre Agneulx Coze.

Jehannette Coze, femme de Laurent Laigle, héritière de feue Jehanne Coze.

Andrieu Coze, qui tenait « ung lieu nommé le lieu *Huart Baudoul* aboutant au flegard de Lesteque et à le terre de Innocent de Bedewatre » et « ung autre lieu assez près de la place de Blecquenecque »;

Maistre Armand Coze ;

Engueran Coze « qui solloit tenir devant la Fontaine un lieu que tenoit alors Innocent de Bedewatre, fils feu Jehan »;

Tous propriétaires à Marquise vers 1509-1510 (*cueilloir de Marquise, archives de M. le Marquis de Longvilliers*).

Oudart Coze possédait des censives à Audinghen (*titres particuliers*).

Perrotin Cose avait trois fiefs tenus de Fiennes, à Ferques, Hydrequent et Leulinghen avant 1553 (*Fiefs du Boulonnais, Recherches généalogiques de M. Eugène de Rosny*).

Marquin, parrain à Boulogne 1553 (*reg. cath.*)

A la fin du xvi⁰ siècle :

Andrieu, tenait du seigneur de la localité, un lieu et manoir rue de Hollande, à Marquise ;

Et Pierre Coze de Blequenecque, un lieu non amasé, nommé le lieu *Huard Baudel* près la rue de Blecquenecque (*autre cueilloir de Marquise, archives de Monsieur le Marquis de Longvilliers*).

Pierre Cose, parrain en 1581 de Loise de Parenty (*reg. de Catholicité de la paroisse Saint Joseph de Boulogne*),

Ernolle Coze femme de Martin du Pont, Jean Coze, et Marguerite Coze, femme de Frerot de Lattre, censitaires de Beaulieu, 1580-1590 (*archives de M. Maurice Coze*).

Jehan Coze était propriétaire à Audinghen 1596.

Jehan et Pierre à Marquise et à Wierre (1597-1598).

Dans les deux siècles suivants plus rapprochés de nous, ce nom de famille se retrouve naturellement plus souvent. Je demande au lecteur de me permettre de citer encore — en dehors de ceux qui seront repris en l'essai généalogique qui suivra : —

Nicolas, à Bouquingbem, 1616, locataire en 1622 de terres à Audembert, dans un acte signé Pierre Coze ;

Oudart, à Wierre-Effroy, époux de Marie Framery, et Péronne à Réty, 1622.

Jeanne 1631, Péronne femme d'Adrien Del Nieppe, 1636, Adrien 1639, Jean, prêtre, Mᵉ Antoine, et Jacqueline, femme de Vincent Boutillier, 1640.

Antoinette, veuve d'Antoine Paquentin, 1645-1650.

Appoline, femme de Jean Le Febvre, 1650 ; Antoine, époux de Marguerite Rault, 1656 ; Péronne, femme de Pierre de Habart,

1660 ; Laurent, époux de Jacqueline Daudruy, 1672 ; Antoinette, femme de Jean Le
Mattre, 1677 ; Oudart, époux d'Isabelle Tin-
tillier ; Marguerite, femme de René Le
Sage, à Boulogne, 1689 ; Henri, né au dit
lieu, 1674, et Péronne y décédée à 102 ans,
le 8 décembre 1692 (à Saint-Nicolas) ; Philippe, 1695 ; Jacques, à Sanghen, époux de
Jeanne Queval, 1707 ; Marie-Madeleine,
femme de Jean Hautefeuille, 1735 ; Made-
leine, veuve d'Etienne Le Cat, 1770, et Marie-
Louise, veuve Habart, à Calais, 1752 ; Pierre,
qui signe le cahier des doléances et remontrances de Wimille en Boulonnais 1789 ;

Et comme censitaire de l'église et du
seigneur de Marquise, en 1786, Philippe,
fils de Philippe, fils de Jacques et Jeanne
Grandsire, pour terres à Bouquinghen.
Cette dernière teste le 23 juin 1680, et avait
aussi pour enfants : Marie, Françoise et
Jean ou Jeanne. (*Notes particulières, aveu de
la seigneurie de Marquise, archives de l'auteur.*)

J'allais oublier Marc, époux de Marie
Lamiable, à Marquise en 1615, marchand
audit lieu, 1625, appoincté de la compagnie
du seigneur de la Rivière, au fort Nieulay,
puis capitaine d'une compagnie au régiment
de Hesmont, en garnison à Boulogne (*pas-
sim*).

Le temps ne m'a pas permis d'établir une
généalogie complète de la famille Coze. J'ai
essayé de le faire seulement pour la branche
qui, à notre époque, a fourni les personnages
les plus remarquables de cette famille.
Encore la filiation n'est-elle pas toujours dé-

terminée d'une façon absolument mathématique. Tourdes, dans son éloge de Pierre Coze « *Généalogie sans tache et famille nombreuse et ancienne* », résume admirablement tout ce qu'il y a à en dire.

I.

Pierre Coze, d'Haringuezelle allié à Péronne Germain, il était mort lors du mariage de son fils Jehan ci-après, fut père de :

1° Pierre, l'aîné ;

2° Jacqueline, alliée à Jehan Hamerel, décédée avant le mariage de son frère ;

3° Et le suivant.

II.

Jehan Coze, « demourant à haringuezelle épousa contractuellement à Boulogne le xxe jour de may mil v^c LXXIIII Marye Isacq veuve de feu Jehan ou Pierre le Roy demourant à Waudingthun, en Audinghen, fille Jehan et Jacqueline Naccart sœur d'Ansel Isaac, et cousine de Pierre et Anthoine Nacart.

Ils fondèrent un obit en l'église d'Audinghen (*cueilloir de ladite église*) et sont, je pense, les auteurs de :

Premièrement : Pierre, à Marquise 1615, le même sans doute que Pierre, mentionné comme cousin de Jeanne Grandsire : en 1615 il est indiqué comme fixé à Frétbun et locataire de terres à Audinghen ; il était propriétaire d'une maison avec cin quante mesures de terres à Marquise, et épousa Appoline Paquentin, d'où :

1º Jacques, marchand bourgeois de Calais, époux de Péronne Le Matre, aussi propriétaire à Bouquinghen, — et mentionné comme cousin-germain de Jean ci-après, — dit Jacques *l'Aîné* et père lui-même de Jacques, dit *le Jeune*, qui fut laboureur à Fréthun et à qui Jacques de Quéhen fit un bail de *blanches bestes;*
2º Jean, à Fréthun, propriétaire à Wissant ;
3º Paul, à Audinghen 1647, à Tardinghen en 1636, habita aussi Fréthun ;
4º Antoine, à Fréthun, propriétaire à Wissant ;
5º Et je crois Pierre.

Deuxièmement : et Jean, qui suit.

III.

Le dit Jean, à Audinghen, en 1596, bailli de la terre et seigneurie d'Odre et Waringuezelle, et d'Audinghen 1600-1635 ; Appoline Lonquéty, sa veuve, teste en 1638, de leur mariage sont issus :

1º Jean, sᵣ d'Haringueselle, où il possédait, du chef de sa mère, une maison, chambre, grange, étables, bergerie, *pigeonnier*, jardin fruitier, moulin et six vingt mesures de terres ; il devait à l'église d'Audinghen cinq obits dont celui fondé par Jehan Coze et Marie Isaac, ci-dessus, et un autre fondé par Isabeau Reine sur son fief d'Odre. Il avait épousé en 1639, Péronne Warnier, et fut père, je crois, d'un autre Jean, qui était bailli d'Audinghen en 1680 ;

2° Marie, dont était veuf, en 1636, Pierre du Pont, s^r du Coulombier ;

3° Jacques, 1623-1674 ;

4° Antoine, père d'un autre Antoine, qui épousa Marguerite Routier, fille de feu Antoine, s^r de la Salle, et de Catherine du Pont, indiquée comme petite-nièce de Jean Coze, bailli d'Audinghen, lors de son second mariage avec Anthoine Hamerel, s^r du Crenazeu, 1680 ; il fut lui-même père, je crois, de Marie, femme de Jean Herbaut, propriétaire à Bournonville, mentionnée comme fille d'Antoine, demeurant à Tardinghen ;

5° Péronne, femme de François Lonquéty ;

6° François ;

7° Et Pierre, qui suit.

IV.

Pierre Coze, s^r de la Plaine, en 1680, demeurant au Hamel, épousa, devant Prudhomme, notaire à Boulogne, le 16 décembre 1651, Jacqueline du Pré.

De ce mariage doit être issu le suivant :

V.

Louis Coze, demeurant à Roupemberg, 1680, à Pichevent en 1681, à Audinghen en 1692. Il avait épousé Marie Caron des Hoddes, qui, la même année, est mentionnée comme « sœur et héritière de

François, s^r des Hoddes, que l'on dit être décédé au service du Roy ».

Je le crois père de Pierre qui suit.

VI.

Pierre, allié à Louise Daussy, ou Dauchi, d'où :

1º Pierre, demeurant à Beuvrequen, qui épousa Jeanne Bonningue et dut mourir sans enfant ;

2º Louis-Marie, qui suit ;

3º Marie-Louise-Françoise, femme de Jean-Louis Du Crocq, décédé à Ambleteuse, en 1756 ;

4º Catherine, femme de Pierre Beaubois ;

5º François-Alexandre, allié à Catherine Lavoine, mort à Ambleteuse, à 50 ans, père de :

Louis-François-Alexandre, né à Ambleteuse, le 28 mars 1769 ;

Louis-Marie, né au même lieu ;

Et Marie-Catherine, née aussi à Ambleteuse, y décédée en 1776.

VII.

Le père et la mère de Pierre Coze.

Louis-Marie Coze, ci-dessus, possesseur du fief de la Cressonnière, à Beuvrequen et Ambleteuse et d'autres biens qu'il tenait, en fief ou en censives, de l'abbaye de Saint-Bertin comme héritier de son frère, Pierre, qui les avait hérités de leur mère, agriculteur, ou comme on disait alors, laboureur, habitait Raventhun-Ambleteuse.

Veuf— sans enfant, d'Elisabeth Desrideaux — il épousa, en secondes noces, contractuellement devant Martin, notaire à Marquise, et, avec la permission de son curé, religieusement, à Audinghen, le 9 janvier 1748, Marie-Jeanne-Madeleine de Lattre, d'Audinghen, fille feu Jean, et de Marie Hamain. Ils sont assistés : lui, de ses frères et sœurs, ci - dessus nommés, de Jacques Le Maire, veuf de Marie-Anne Desrideaux, son beau - frère, de Jacques de Seille, de Wimille, son cousin-germain ; elle, de sa mère, de Jean et Léonard, Louis-Marie, Jacques, Marie, Catherine et Marguerite de Lattre, ses frères et sœurs, de Pierre de Lattre, son cousin-germain, et de Marie-Antoinette Daudruy, sa femme, Marc Hamain, son oncle, Marie Hubin, veuve d'Antoine Hamain, et Jeanne Hamain, veuve de Claude Boulanger, ses tantes. Chacun des deux époux avait 29 ans à cette époque.

La ferme de Beaulieu était alors occupée par la famille Framery de Saint Jean, et le chapelain de l'abbaye était un membre de la famille Butor, qui semblait avoir le privilège de fournir de prêtres cette abbaye.

C'est par l'entremise de l'une ou l'autre de ces familles que Coze vint se fixer à Beaulieu.

D'abord fermier des fermes de l'Abbaye, ses qualités le firent remarquer par M. de Mons, qui en était alors l'abbé commanditaire, et en fit bientôt le fermier et receveur général admodiateur de l'abbaye.

Cette faveur que lui avait mérité l'estime

qu'avait pour lui l'abbé suscita bien des
envieux. Je ne peux résister au désir de
citer ici des extraits de lettres que l'abbé de
Mons, écrit à son sujet, et qui ne manquent
pas d'intérêt.

Il écrit le 5 octobre 1773 :

« Coze peut être tranquille sur mon
« compte, je say que c'est un honnête hom-
« me, tout le monde me le confirme... il
« peut compter que tant que je vivrai, je ne
« le changeray jamais... Je luy suis si
« attaché que vous m'avez fait un plaisir
« infini de me dire qu'il fait bien ses affaires,
« et c'est là ce qui excitait, contre lui, la
« jalousie : c'est une suite inévitable...

« Au surplus je dois vous assurer que M.
« le curé de Ferques ne m'a jamais rien
« dit que de très avantageux et favorable
« sur le compte du s^r Coze. »

Le curé de Ferques, auquel fait allusion
l'abbé de Beaulieu, est l'abbé Hodicq, qui
s'exprime ainsi, dans une lettre adressée à
M. Cannet, à Boulogne :

« La nomination de Coze, comme rece-
« veur, fit beaucoup de jaloux. On lui fit
« une guerre continuelle, on lui suscita
« mille ennuis, un garde alla même jusqu'à
« dresser une contravention contre lui, pour
« avoir laissé aller des bestiaux dans les
« bois, quand ce même garde était aux
« vespres... à Ferques à l'heure même du
« prétendu délit.

« Un des plus dignes rejetons de Themis
« lui dit « que s'il ne lui cédait les censives,
« même à 200 livres de perte, il ne lui lais-

« serait pas un moment de repos », le jour
« même où ce garde, dont je viens de parler,
« dressait la contravention en question (1). »

C'est sans doute à ce fait que fait allusion
l'abbé de Mons, dans une autre lettre du
9 mars 1776, probablement après avoir été
relancé par la maîtrise des eaux et forêts :

« J'ai reçu de Boulogne des plaintes bien
« vives sur les dégâts que fait le s^r Coze
« dans les bois de l'abbaye ; on m'a envoyé
« en même temps, un procès-verbal de cap-
« ture de bestiaux, et rendu compte du
« mauvais état où il met les bois. »

Ne trouvez-vous pas assez réussi ce garde
et ce légiste, *ce fils de Thémis*, comme dit le
curé de Ferques.

Mais l'abbé de Beaulieu finit par reconnaître qu'il n'y avait là que chantage et
jalousie, et il dit dans une lettre du 20 mai
1781 « qu'il est bien charmé que la santé du
« pauvre Coze soit rétablie et qu'il s'inté-
« resse beaucoup à lui... »

Coze fut alors laissé tranquille par ses
envieux. Il s'associa avec plusieurs de ses
voisins, pour l'exploitation de diverses car-
rières : c'est, je crois, le premier exemple
de société créée dans un tel but, tout au
moins dans la région. Cette exploitation
donna un nouvel essor à l'industrie de la
pierre dans le pays.

Coze s'occupa aussi de dîmes, il était

----

(1) Est-il assez « droit romain » assez « code
civil » par anticipation ce rejeton de Thémis ! Y
aurait-il tout de même un parallèle intéressant à
établir entre le légiste du siècle dernier finissant
et celui de cette présente fin de siècle !

fermier des dîmes de Caffiers et d'Elinghen. Il était en outre marguillier de cette dernière paroisse. Toutefois l'âge le força, un peu plus tard (1787) à abandonner à un de ses fils une partie de son importante exploitation agricole, notamment les fermes des Moines et de Rougefort, à Réty.

Quelques années plus tard, lors de la vente des biens ecclésiastiques, il se rendit acquéreur, par ses enfants, des fermes et terres de l'abbaye de Beaulieu, qu'il ne quitta pas et où il mourut le 24 décembre 1795, après avoir traversé les plus mauvais jours de notre histoire, en but aux ennuis et aux tracasseries de la canaille de l'époque, et eu la douleur de voir un (sinon deux) de ses fils prendre le chemin de l'exil. Sa femme lui survécut et mourut plusieurs années après lui.

Louis Coze avait voulu acquérir aussi la ferme des Moines, sur Réty, qui appartenait également à l'abbaye de Beaulieu et qui avait été occupée très longtemps par la famille de Sombre (1). Il s'était fait recevoir membre de la *Société populaire de Ferques*, de façon à sembler faire preuve de civisme.

De son mariage sont nés les enfants qui suivent :

Premièrement : Louis-Marie, en 1748, à Ambleteuse, tenu sur les fonts baptismaux par ses oncle et tante Alexandre Coze et

---

(1) Chose étrange, les fermiers des abbayes s'alliaient entre eux : c'est ainsi que l'héritière des Noël, fermiers de la chartreuse de Neuville, à la Parthe, avait épousé le fils de De Sombre, fermier de Beaulieu, aux Moines.

Marie-Catherine de Lattre ; élu député
de la paroisse de Landrethun pour les
élections des états généraux le 8 mai 1789 ;
je ne lui connais pas d'alliance ;

Deuxièmement : Jean-Louis-Augustin, à
Ambleteuse, en 1750, tenu sur les fonts
baptismaux par Jean-Louis du Crocq et
Marie-Madeleine Hamain ; il signe, en
1789, le cahier des remontrances de Ferques et Elinghen ; taxé à 1200 livres, lors
de l'emprunt forcé, mais moins veule —
même par ces temps dangereux — que le
contribuable actuel, il se laissa poursuivre;
l'an III il est l'objet d'un mandat d'ame-
ner lancé contre lui par le juge de paix
d'Hardinghen (M. le juge de paix comme
dirait tel de ces magistrats) : il avait eu le
grand tort de faire retirer les cuvettes de
l'atelier de salpêtre qui avait été installé
par la commune de Ferques dans ses
bâtiments de Beaulieu. L'année suivante
il est mentionné comme propriétaire à
Beaulieu et à Beuvrequen et se fait prêter
de l'avoine pour la semaille par l'admi-
nistration du district (*titres divers*). Il
avait épousé à Boulogne le 15 juillet 1788
(*inventaire des archives*), Marie-Louise
Bellenger, morte à Alembon, le 9 décembre 1820, après lui avoir donné les
enfants qui vont être indiqués. Lui-même
était mort à Beaulieu le 29 nivôse an VII.

1° Marie-Augustine Florence, née le 4 mars
1790, mariée à M. François-Joseph Petit,
d'Alembon, de ce mariage vint madame
Battel, de Basse-Falise, mère de madame
Félicien Delattre, de Selles ;

2° Romain, mort le 25 avril 1816 ;

3° François.

    Tous deux furent baptisés dans la chapelle de Beaulieu, le 16 juin 1791.

Ce sont là, je crois, les derniers baptêmes administrés dans la chapelle de Beaulieu, avant la Terreur ;

4° Jean-Louis, né le 20 novembre 1792 et mort à Beaulieu, le 25 février 1814 ;

5° Sophie, née le 27 octobre 1794.

Tous deux furent baptisés, je crois, dans la chapelle de Beaulieu, le 20 ou 25 avril 1795 ; je ne pense pas que d'autres baptêmes furent administrés depuis dans cette malheureuse chapelle que l'on a le grand tort de laisser tomber en ruine ;

6° Et Louis, l'aîné, né à Ferques en 1789 ; Knapelynck son remplaçant militaire fut tué aux armées ; il n'en était pas moins sous-lieutenant de la garde nationale, de la cohorte de Marquise, légion de Calais, en 1815. Maire de Ferques, il mourut dans sa propriété de Beaulieu le 28 octobre 1845. Le 8 juillet 1817 il épousa contractuellement Marie-Aldegonde Lonquéty de la Routière, qui lui donna :

    A Lucie-Aldegonde, 1813-1839 ;

    B Elise-Caroline, 1819-1835 ;

    C Constance-Amédée, 1829-1889, épouse de M. Antoine-Louis Parenty ;

    D Et Pierre, propriétaire à Beaulieu, décédé le 6 juillet 1867, à Andre, où il avait épousé mademoiselle Rault, qui lui donna, en 1854, un fils :

M. Louis-Maurice-Ovide Coze, propriétaire actuel d'une des fermes de Beaulieu (c'est l'organiste de Saint-François de Sales), ancien dessinateur en tulles, ancien chef de musique, et professeur de talent. M. Coze a des papiers très intéressants que j'ai dépouillés ; il a épousé la nièce de l'écrivain et poète guinois M. Léopold Decuppe, laquelle a donné le jour, en 1881, à M. Pierre Aristide-Maurice Coze, élève du Conservatoire, plein d'avenir (1).

Troisièmement : Marie-Madeleine, née à Ambleteuse en 1751, fut tenue sur les fonts baptismaux par Pierre de Lattre, jeune homme, d'Audinghen, et Marie-Antoinette Coze, jeune fille libre de la paroisse de Saint-Nicolas ;

Quatrièmement: Philippe-François, né à Ambleteuse en 1753 : parrain Philippe Forestier, marraine Marie-Jeanne Bonningue, femme du sr Pierre Coze, de Beuvrequent ;

(1) La musique de Guines a obtenu de nombreuses récompenses, sous la direction de M. Coze, notamment à St-Omer en 1884, à Montreuil en 1885, etc. A Boulogne eu juillet 1888 (1er prix de lecture à vue d'exécution et de soli). Le chef de la musique de Saint-Brice étant tombé malade, le bâton ayant été pris par M. Coze, cette société obtint le 2e prix (*Orphéon, n° du 5 août 1888*).

M. Coze a en outre beaucoup voyagé ; il a visité ou parcouru l'Australie : Sydney, Melbourne, Adelaïde ; en Asie : Aden, Ismaïla, Port-Saïd, Jaffa, Jérusalem, Bethléem ; en Afrique : Alexandrie, Le Caire, etc.

Quant à son fils, il a fait ses débuts à l'Ecole de musique de notre ville où il a passé trois années, obtenu dix récompenses et, à l'unanimité, avec félicitations du jury, le 1er prix de piano supérieur.

fixé d'abord à Réty, dont il signe le cahier des doléances en 1789, il devint ensuite, par l'entremise de M. de Guizelin des Barreaux, locataire de l'importante exploitation agricole de Beaurepaire-Beaumerie, propriété du chercheur et généalogiste M. de Blondin de Baizieux qui (comme d'ailleurs son fils M. Adolphe de Baizieux, l'homme de bien, mort si malheureusement, presque nonagénaire, il y a peu de temps) l'honorait de son amitié. Ph. Coze mourut célibataire à Beaurepaire en 1823 ;

Cinquièmement : Pierre, qui viendra après le suivant ;

Sixièmement : François-Boniface qui va suivre ;

Septièmement : Marie-Margu‹ rite-Rosalie, née à Ambleteuse en 1758, épousa Louis-Marie Daudenthun, de Malassise, avec qui elle habitait à Wierre-Effroy, 1817 ;

Huitièmement : Marie-Jeanne-Catherine, née à Ambleteuse en 1760, épousa Nicolas Caroux ; il existe encore de leurs descendants en Boulonnais et en Artois. Parmi eux madame Roseline Bigot, morte il y a quelques années à Austruy, fille d'une d^elle Caroux et veuve d'un autre M. Coze. Elle s'était occupée d'occultisme et aussi de médecine : innombrables sont ceux qu'elle a guéris rapidement de plaies, panaris, maux battants, etc., à l'aide des recettes contenues dans les vieux livres de médecine de Beaulieu.

Neuvièmement : Marie-Barthélemy-Hubert ; fit ses études en théologie à Paris, où il se

trouvait avec son frère Antoine en 1787 ;
vicaire de Vieille-Eglise en 1791, mort
curé de Fiennes, dans la première moitié
de ce siècle ;

Dixièmement: Antoine ; fit ses études à Paris;
il s'y trouvait en 1787 : une lettre de lui
du 8 janvier est intéressante : « La nou-
« velle, écrit-il, qui fait actuellement le
« plus de bruit à Paris, c'est une fameuse
« assemblée qui doit se tenir le 29 de ce
« mois. Le Roi ou son frère doit y pré-
« sider ; il est question, dit-on, de laisser
« aux *protestants un libre exercice de leur*
« *religion* et leurs mariages seront regar-
« dés comme valides en France ; ensuite
« on dit qu'*on va supprimer un grand*
« *nombre de monastères* (1). » Il reçut,
ainsi que son frère Hubert, le sous-diaconat à la Trinité de cette même année :
c'est ce qu'il annonce dans une lettre du
24 avril : « Nous voilà, dit-il, sur le point
« de nous engager irrévocablement dans
« la milice du Pape, c'est-à-dire que nous
« devons prendre le sous-diaconat à la
« Trinité. » Vicaire d'Ardres lors de la
prestation du serment constitutionnel demandé au clergé, il préféra obéir à sa
conscience qu'aux lois des hommes, presque

______

(1) A un siècle de distance rien n'est changé. Aujourd'hui, comme alors, l'anglais maudit et hypo-
crite embusqué dans les loges, de complicité
avec le juif perfide, tire les ficelles qui mettent en
mouvement les marionnettes ministérielles et, pour
faire plaisir à l'étranger, on n'a d'égards que pour
ses amis, le veau d'or et la vache à Colas, et on
persécute le catholique patriote. Cela a toujours
été ainsi aux époques de décadence.

que toujours malfaisantes. Les deux abbés Coze étaient des travailleurs. Ils avaient à la maison paternelle une bibliothèque d'une certaine importance pour l'époque, puisqu'elle fut estimée 142 livres 18 sols. Antoine mourut curé d'Outreau où on lui fit des funérailles aux frais de la commune ;

Onzièmement : Marie-Louise-Ursule, marraine en 1795 de Sophie Coze, ci-dessus, et mentionnée comme jeune fille ; c'était, je crois, la dernière de la famille.

VIII.

Le père de François-Martin Coze.

François-Boniface Coze, ci-dessus, né à Ambleteuse, le 25 septembre 1756, épousa le 9 pluviôse an II, Françoise Bonvoisin, d'où :

Premièrement : François-Martin qui suit ;

Deuxièmement : Françoise - Félicité, qui épousa M. Jacques - Louis Lougez, de Hames, cité comme cultivateur à Beaulieu en 1824 ; elle mourut à Besconne, près Furnes, en Belgique.

IX.

François-Martin Coze.

François-Martin Coze, ci-dessus, naquit à Beaulieu le 11 novembre 1794 ou 22 brumaire an II (*Dictionnaire historique*). Il fit ses études médicales à Strasbourg, auprès de Pierre Coze, son oncle, soutint sa dissertation inaugurale pour le Doctorat de médecine le 22 mars 1817. Le travail est intitulé : *De l'hydropisie considérée comme maladie consécutive ou secondaire.* Il se fixa ensuite quelques années à Paris, puis fut nommé attaché, comme médecin, à la légation française à St-Pétersbourg et partit pour la Russie où nous le retrouvons en 1823-24 médecin de S. Exc. le prince Baziatinski ou Bariatinski, au château d'Yvanoski dans la province de Koursk.

De retour pour quelque temps en France en 1825, il épouse, à Strasbourg, mademoiselle Annette-Pauline Flament, fille du savant professeur d'acouchement de la Faculté. Il retourna ensuite avec sa jeune femme en Russie qu'il quitta définitivement en 1832, pour se fixer d'abord pour peu de temps à Haguenau, puis à St-Omer, où il devint médecin de l'hôpital civil de la ville et où il mourut en 1868. Quant à sa femme, retirée à Rethel, elle y finit ses jours en 1878, à soixante-douze ans.

Monsieur Coze s'occupa beaucoup d'agriculture, d'archéologie, d'histoire et de sciences.

Les bulletins et catalogues de la *Société d'Agriculture de St-Omer*, dont il était membre, mentionnent notamment ses expériences sur la culture et la création de variétés de pommes de terre (*catalogue pages 12 et 29 de la 19e exposition 1848*).

Comme propriétaire de la principale ferme de Beaulieu, il possédait beaucoup de pièces concernant cette abbaye : il en donna la plus grande partie à la bibliothèque de

St-Omer. C'est à lui que l'on doit, notamment, la conservation d'une pièce d'une très grande importance, le fameux terrier de 1286 qui a fait l'objet d'une étude très intéressante de M. Aimé Courtois, publiée par le *Comité Flamand* de Flandre et par la société des *Antiquaires de la Morinie*. M. le docteur Cuisinier en a fait une copie très soignée qu'il a eu l'obligeance de me confier et que j'ai copiée à mon tour. Un érudit de mes amis a collationné cette copie sur l'original sans y relever aucune erreur.

C'est auprès de M. Coze que plusieurs jeunes gens de la région ont puisé le goût de la pharmacie ou de la médecine, notamment le regretté Dr Tellier, de Marquise.

M. Coze a laissé quelques mémoires :

1° Sa thèse, déjà citée ;

2° Un *mémoire sur la cataracte noire et la goutte sereine (Journal universel des sciences médicales*, 1819) ;

3° *Remarques sur la noix vomique*, 1819 ;

4° *Mémoire sur la lithotomie vaginale* (d°, 1819) ;

5° *Observation sur la cataracte noire* (d°, 1820) ;

6° *Parallèle des deux méthodes d'opération de la cataracte* (d°, 1821) ;

7° *Observation sur les tumeurs cancéreuses des nerfs* (d°, 1820) ;

8° *Du nombre des médecins en Russie* (tiré des *Souvenirs d'un vieux médecin, Gazette médicale de Strasbourg*, 1855).

Il s'occupa aussi de statistique et de météorologie et publia, de nombreux travaux dans le *Mémorial Artésien*.

Il eut de son mariage :

1° Amélie, qui épousa M. Léon Coze (voir ci-après) et mourut en 1854 ;
2° Ernest qui suit ;
3° Lucie, morte en 1854.

X.

Le fils de François-Martin, Ernest Coze.

Ernest Coze, ci-dessus, naquit à Koursk (Russie) en 1828. Il fit ses études au collège de St-Omer, et, comme son père, ses études médicales à la faculté de Strasbourg. Il soutint sa thèse de docteur le 30 mai 1854 et entra ensuite dans l'armée. Il fit successivement les campagnes de Crimée et d'Italie, passa ensuite dans un régiment d'artillerie, puis dans un bataillon de chasseurs à pied. Il fit aussi la campagne de 1870, assista à la bataille de Frœschwiller, puis, au siège de Paris. Après la guerre il entra comme médecin-major au 16e bataillon de chasseurs à pied, puis passa comme major de 1re classe au 72e de ligne, à Paris, où il mourut, à l'hôpital militaire du Gros-Caillou, le 12 février 1881.

DEUXIÈME BRANCHE SORTIE DU VII° DEGRÉ.

VIII.

Pierre Coze.

Le personnage le plus remarquable de la famille Coze et qui a joué le rôle le plus important dans le monde médical est, incontestablement, celui dont nous allons nous occuper.

Pierre Coze, s^r de Cressonnière, ci-dessus, naquit aussi dans la vieille et désolée ville d'Ambleteuse, en la paroisse de Saint-Michel, dont le curé était alors Antoine Le Clercq, écrivain et poëte, au hameau de Raventhun et, je pense, à la ferme de Oupehen, chef-lieu de la vicomté ; son acte de baptême est ainsi conçu : « L'an 1754 et le 17 août, je « soussigné curé de Basinghen, en l'absence « de Monsieur le Curé d'Ambleteuse, ai « baptisé un fils, né environ onze heures « du matin, du légitime mariage de Louis « Coze, laboureur, et de Marie-Madeleine « De Lattre, auquel on a imposé le nom de « Pierre, le parrain a été Antoine Ousselin, « la marraine Marie-Jeanne Malliot (signé) « A. Ousselin, Marie-Jeanne Malliot, G. « Malliot, prêtre. » (*Registre de Catholicité d'Ambleteuse*).

Les premières années de Pierre Coze se passèrent donc auprès de la mer et, quand ses parents allèrent se fixer à Beaulieu, à l'ombre de l'abbaye et de ses bois.

Il fit ses débuts dans l'étude, je crois, avec le curé de Ferques et le chapelain de Beaulieu.

Ces fonctions de chapelain semblaient dévolues à la vieille et respectable famille Butor qui a donné tant de moines à l'abbaye de Licques. Cette abbaye, propriétaire, avec celle de Beaulieu, de la dixme de Leubringhen, était sans doute chargée de fournir les chapelains de cette dernière maison. Le chapelain de Beaulieu, à la fin du xviie siècle, était un membre de la famille Butor. En 1772, c'était Me Jean Butor et en 1781-1787, Mr Jean ou Thomas Butor.

Les rapports étaient excellents entre le fermier et le chapelain de Beaulieu ; il y avait en outre un lien de parenté entre la famille Coze et la famille Butor.

Un membre de cette dernière famille était alors chirurgien à Boulogne. Il venait assez souvent rendre visite à son frère ou oncle ou cousin, chapelain de Beaulieu ; il y remarqua le jeune Pierre Coze, fut frappé de son intelligence et de ses heureuses dispositions et décida les parents de l'enfant à lui faire commencer ses études médicales.

Contrairement à ce qui se passe aujourd'hui, l'enfant restait alors le plus possible au sein de sa famille où il puisait les meilleurs exemples et subissait les plus saines influences d'un milieu à peu près toujours vertueux ; quand il devait apprendre une profession, avant de lui faire suivre les écoles et les cours publics, on le mettait chez un maître particulier que l'on choisissait vertueux lui-même et chez qui il n'était pas exposé à tous les pièges et à toutes les démoralisations de la ville. Le jeune homme travaillait vraiment. Il avait le respect de lui-même, de ses parents et du prochain, la *lutte pour la vie* anglaise n'avait pas encore remplacé la *charité française*. On respectait même les débris humains et, quand par hasard on était fumeur, on ne leur demandait pas la substance de son sac à tabac. On n'avait pas non plus le *credo* aveugle de la science officielle ni la prétention de faire tout apprendre à l'homme. Le remède était bon quand il guérissait, d'où qu'il vînt ; et, de nos jours encore, plus d'un médecin consciencieux a cherché avec succès dans les vieilles recettes, les vieux recueils et les anciens manuscrits d'alors, la guérison d'un client que ne lui donnaient pas les plus savantes formules du codex. On laissait aussi une grande place à l'initiative de chacun, l'enseignement considérait l'homme à un point de vue plus élevé que celui que donnent les idées matérialistes ; la carrière n'était pas encombrée : on ignorait autant la médecine politique que la politique médicale. Le médecin pensait un peu plus aux maladies du client et un peu moins aux candidatures qui n'étaient pas encore... opportunistes... radicales ou autres et on n'avait pas encore appris à décrocher les crucifix des écoles ; aussi on faisait alors des spécialistes, de réels et vrais savants (1).

C'est dans ces heureuses conditions que Pierre Coze débuta dans l'étude de la médecine.

L'accord intervenu pour l'apprentissage mérite d'être cité : « Nous soussignés, Jean « Butor, maître en chirurgie, chirurgien- « major de l'hôpital général et militaire de « Saint Louis, lieutenant de M. le premier « chirurgien en la ville de Boulogne, et « province du Boulonnois, demeurant en la « basse ville de Boulogne, d'une part, et « Pierre Cause (sic), fils mineur de Louis « Cause, et de Magdelaine Delattre, ledit « Pierre Cause duement authorisé de ses

(1) La ville de Boulogne peut s'estimer heureuse que ce qui vient d'être dit ne peut pas s'appliquer à ses médecins dont la science comme le dévouement sont sans bornes.

« père et mère présents, sommes convenus
« de ce qui suit, savoir : que moy, Jean
« Butor, prend, dès cejourdhuy, en appren-
« tissage de l'art de chirurgien, ledit Cause
« fils, pour le temps et espace de trois an-
« nées consécutives, pour lui servir et valloir
« la troisième année de service en qualité
« de garçon chirurgien dans le Dit hopital,
« suivant et conformément aux status et
« règlements concernant le dit art, sans
« toutte fois que le dit Pierre Cause fils,
« puisse sortir de chez moy, sinon pour
« cause de maladie, au moyen de quoy les
« dits Louis Cause et ladite Magdelaine de
« Lattre ses pères et mères (sic) s'engagent
« et se portent fort de lui fournir, par
« chaque année, quatre *septiés* de bled fro-
« ment, une *tinne* de Boeurre de quinze à
« seize pots, et un cochon gras de la va-
« leur d'environ trente-six livres, le tout
« dans le courant des six premiers mois de
« chaque année, et, en cas que ledit Pierre
« Cause, fils, vienne à sortir de chez moy,
« avant les dits trois années expirées, les
« dits Louis Cause et Magdelaine de Lattre,
« ses père et mère, s'obligent de me payer à
« moy, Butor, la somme de cent cinquante
« livres par forme d'indemnité et dont ils
« sont convenus au cas arrivant. Le tout,
« cependant, à condition que le dit Pierre
« Cause fils, sera obéissant en tout ce qui
« sera commandé par moy, Butor, relative-
« ment à l'art, qu'il sera attentif à mes
« leçons et ne sortira de ma maison qu'avec
« ma permission, et, de mon côté, moy,
« Butor, je m'engage à nourrir gratuitement

« ledit Pierre Cause fils, de le loger et cou-
« cher chez moy pendant lesdittes trois
« années, et de lui apprendre et faire con-
« naître tout ce qui regarde l'art de chirur-
« gie, touttes lesquelles conditions ont été
« respectivement acceptés par lesdits Louis
« Cause et Magdelaine de Lattre, qui se
« trouvent respectivement responsable des
« faits de leur fils relativement au présent
« accord par ledit Pierre Coze fils et par
« moy, Butor.
   « Fait double et de bonne foi, à Bou-
« logne, le... juillet 1771 et avons signé. »
(signé) Louis Coze, Pierre Coze, J. Butor.
   C'est donc avec J. Butor, que Pierre
Coze débuta dans son apprentissage de
médecin mais cet apprentissage dura peu
de temps avec ce maître respectable, puisqu'il mourut le 7 novembre 1771 (*registre
de catholicité de la paroisse de Saint-Nicolas,
Inventaire sommaire des archives*) ; Pierre
Coze dut chercher alors un nouveau maître ;
il le trouva dans la même ville et, sans
doute, dans la même famille où on était
médecin de père en fils. Il était encore à
Boulogne le 5 janvier 1773, puisqu'il écrit,
à cette date, une lettre « qu'il se donne
*l'honneur d'adresser à M. Hodicq, très digne
prêtre, curé de Ferques* », et conçue en ces
termes :

   « Monsieur,

   « C'est le respect, le désir, et l'inclination
« quy m'ordonnént de vous écrire en ce
« renouvellement d'année. Vous me rendrez

« justice sy vous voulez bien vous con-
« vaincre de la sincérité des vœux que je
« fait au ciel, en faveur de vos jours, et de
« mon ardeur à vous la souhaiter bonne et
« heureuse, ainsy qu'à ma tante et à Jean-
« Pierre. Sy le ciel est sensible à mes sou-
« haits, vous jouirez d'une santé favorable,
« vous verrez avec plaisir un grand nombre
« d'années, suivies des graces et bénédictions
« du Seigneur. Et il ne nous restera plus
« rien à désirer pour votre parfait bonheur
« et pour l'accomplissement de vos pieux
« désirs. C'est dans ces sentiments que j'ay
« l'honneur d'être bien véritablement,

« Monsieur,

« Votre très humble très obéissant servi-
« teur,   Pierre COZE.

« Boulogne, 5 janvier 1773. »

C'est cette année là, sans doute, que fut délivré au jeune Coze le brevet d'apprentissage mentionné dans l'*Inventaire sommaire des archives de Boulogne.*

Dès le commencement de cette même année, Pierre songeait à aller terminer ses études médicales à Paris et il s'était adressé, pour avoir des renseignements à ce sujet et sur les conditions des cours, à un M. Michaux ou Michaud, de la famille boulonnaise, sans doute, de médecins de ce nom.

Il fut répondu à son intermédiaire par une lettre pleine de renseignements et aussi de détails peu connus sur l'étudiant et les cours d'alors.

Cette lettre est à citer en entier :

« Monsieur et très cher Père en N. S.

« J'aurais bien besoin de m'excuser avant
« de commencer ma lettre : mais la difficulté
« où je suis de vous apporter de bonnes rai-
« sons de ma négligence, m'oblige à m'avouer
« coupable, et à solliciter mon pardon. Je
« me suppose donc absous et je commence
« par vous présenter mes respects profonds
« et mes remerciements sincères aux sou-
« haits gratieux que votre bon cœur forme
« pour moy tous les jours. Je ne sçaurois y
« repondre, que par la plus parfaite recon-
« noissance, et un entier dévouement à
« vous prouver, par mes petits services, les
« sentiments tendres et sincères, dont j'ai
« toujours été animé pour votre chère per-
« sonne. Je me suis informé aux chirur-
« giens du séminaire, des arrangemens
« convenables au jeune homme dont vous
« m'avez parlé dans votre dernière. On m'a
« dit que tout consistoit à se faire inscrire
« sous les professeurs ordinaires à Saint-
« Côme, afin d'avoir les attestations néces-
« saires à l'exercice de l'art dans le Royaume :
« ensuite, que l'élève devoit avoir un dé-
« monstrateur particulier, pour chaque
« partie de la chirurgie, ce qui forme cinq
« cours, pour lesquels on paye 40 ou 50 francs
« chaque cour ; il y en a cependant qui
« démontrent certains cours pour 30 ou
« 36 francs, cela dépend des matières qu'on
« démontre. Outre ces différents cours de
« démonstration, le jeune chirurgien peut
« aller, tous les jours, aux opérations et

« pansemens de l'Hôtel Dieu, sans billet, et
« à la charité, avec une recommandation
« que nous tacherons d'obtenir.

« Ensuite le démonstrateur indique, ou
« fournit, les livres et les matières de dé-
« monstration, que les élèves unis à quatre
« ou six, remboursent, chacun leur part.
« Sans doute que le jeune homme dont il
« s'agit, sera dans une chambre et se nour-
« rira chez quelque traiteur. Quant à cela,
« il n'y a point de difficultés : pour 12 à
« 15 sous par jour (et moins lorsque l'on
« veut vivre plus médiocrement) on trouve
« à dîner et à souper ; l'article de la chambre
« sera au moins de six francs par mois,
« encore sera-t-il assez mal gîté ; au reste
« nous ferons tout pour le mieux. Quant à
« ce qui regarde la société des *carabins*
« qu'il sera obligé de fréquenter en allant
« en classe, je crois qu'elle est très dange-
« reuse pour les mœurs, du moins a-t-elle
« cette réputation, et leur extérieur le
« démontre-t-il assez ! Au reste le jeune
« Monsieur qui se dispose à venir dans cette
« capitale, les verra le moins possible : mon
« frère pourra luy servir de compagnie et
« lui, réciproquement à mon frère : j'aime
« mieux qu'il attende toujours à s'en pro-
« curer que d'avoir des suspectes (*sic*). Le
« séminaire et la maison de quelqu'un
« de mes amis, sont presque les seules
« qu'il fréquente. Voilà, mon cher Mon-
« sieur, ce que j'ai reçu d'avis conforme
« au sujet de votre lettre. Vous me man-
« derez ce qu'il en résultera et je tâcherai
« de vous obliger, en obligeant votre protégé.

« Je crains de ne pouvoir tirer du Bré-
« viaire de Sens que 4 ou 5 ℔. Je ferai en
« sorte d'avoir les volumes.... du nouveau
« testament, à l'occasion favorable je ferai
« la commission du petit velouté.

« Je vous prie de dire à Madame Saint-
« Benoit que Monsieur son père est inquiet
« de ses nouvelles ; présentez luy, s. v. p.,
« mes compliments.

« Je me recommande bien sincèrement à
« vos ferventes prières et saints sacrifices,
« et vous prie de me croire, avec les senti-
« ments les plus tendres et les plus respec-
« tueux,

« Mon cher Monsieur,
« Votre très humble et très obéissant et
« soumis fils, en N.-S.

« MICHAUD.

« Mon frère vous prie d'agréer ses res-
« pects.

« Paris, le 8 février 1773. »

Avec ces renseignements, Pierre Coze se
rendit à Paris où il commença ses cours,
non pas en 1774, comme il a été dit quelque
part, mais bien en 1773, puisque, le 28 décembre de cette année, il date de la capitale
une lettre dans laquelle il adresse ses souhaits de bonne année à ses parents, à ses
frères et sœurs et à toute sa famille. Il avait
alors dix-neuf ans.

L'abbé de Beaulieu lui ménagea de bons
protecteurs, notamment MM. de Montgazin
et de Gargan. Il logeait chez M. Buisson,
un parent vraisemblablement de l'annaliste
boulonnais du même nom, puis chez un

M. Joly, sans doute un autre boulonnais
fixé là-bas. C'est là que son père lui adres-
sait les petites provisions de beurre et des
nouvelles de la famille. La lettre suivante,
intéressante, nous renseigne à ce sujet :

« Mon fils, je vous envoye, par la voiture
« de la diligence, la petite *tinne* de Bœur
« que vous m'avez demandé dans votre
« dernière lettre. On ne vous l'a pas envoyé
« tout de suite attendu que la saison ne
« permettait pas pour avoir du bon Bœur.
« Je vous apren pour nouvelle, que mon
« frère Alexandre et mort il ï a aux'environ
« d'un mois, aussi vous sçaver l'état de la
« famille. Nous n'avons pas en cor eue de
« chaleur jusqu'à présent : il ï a une belle
« préparation pour les Blée. Votre tante
« *quiguitte* et marié avecq un jeune homme
« de aux environ 50 ans au moins, qui est
« un nommé Troussel, demeurant à Saint-
« Léonard. Elle est bien tombé. Votre
« mère, frère et sœurs sonts tous en bonne
« santé. ils souhaitent que la votre soit de
« même et moi, qui vous recommande de
« ne jamais oublier le livre de Paris qui est
« *Lhomme conduit par la Raison*. Et en
« vous conduisant par la moral qu'il En
« seigne, vous serez toujours irréprochable.
« Et ce qui ferait mon plus grand plaisir.
« Vous assurerez nos très humble respect à
« M. et à madame Jolly.
« Je suis avec un parfait attachement. »

L'arrivée de P. Coze à Paris coïncidait
avec une époque de transformation médicale. Il y suivit et fréquenta pendant cinq
ans les cours ou établissements les plus

célèbres : l'école de médecine et de chirurgie, les hôpitaux et les amphithéâtres, le
muséum d'histoire naturelle et le jardin
botanique, les cabinets de physique et les
bibliothèques. Il était très assidu et attentif
aux cours et l'un des fidèles de la maison de
Saint-Côme, à côté de l'église du même
nom, où les chirurgiens s'assemblaient
pour faire des opérations. Quant à ses relations, elles étaient choisies. Il y entretenait
les meilleurs rapports avec les boulonnais,
hommes et jeunes gens fixés à Paris.

Pendant ces cinq années il ne revint
guère dans sa famille, mais son attachement
pour les siens n'en souffrit pas. Ses lettres
arrivaient fréquentes à ses parents et encore
aujourd'hui elles sont pleines d'intérêt. Il
mettait déjà ses connaissances au service
des malades. Nous le voyons, pendant son
séjour à Paris traiter son père par des
moyens qui semblent aujourd'hui surannés,
et qui, sans doute, n'étaient pas plus mauvais
que d'autres.

Les lettres de son frère Antoine nous le
montrent plus tard le travailleur qu'il était
déjà pendant ses études. Aussi ses connaissances avaient dès lors attiré l'attention sur
lui et, en 1779, à vingt-cinq ans, par une
faveur insigne justifiée par un mérite reconnu, il fut nommé chirurgien-major du
régiment de Champagne-Cavalerie. C'est
vers cette époque qu'il revint passer huit
mois de convalescence à Beaulieu, et qu'il
annonça à sa famille son prochain départ
pour Auch, où il arriva en août 1779. Il y
sut gagner, de suite, les bonnes grâces de

l'intendant qui était neveu du premier ministre, M. de Vergennes. C'est pendant qu'il était dans cette ville qu'il fut reçu docteur.

Son activité comme médecin militaire était des plus grande ; il s'occupait de tout ce qui peut intéresser la santé du soldat : exercices, marches, température, vêtements, soins et tenue des locaux, aliments, etc., rien ne le laissait indifférent.

Cette façon consciencieuse de s'acquitter des devoirs de sa profession lui valut les plus puissants protecteurs : je cite, au hasard, la marquise de Clermont-Tonnerre, le chevalier du Plessis, le colonel marquis d'Arcambal, etc.

Coze eut pour garnisons successives Perpignan, Toulouse, Boulay, Dôle (d'où il refuse d'aller passer l'hiver à Paris), Lunéville, Toul, Schelestad.

C'est sans doute par suite d'un roulement dans les changements de garnisons, que nous le voyons à Auch à des dates aussi éloignées l'une de l'autre 1779-1786.

Pendant son séjour dans cette ville, son père fut gravement malade (1782) et sa mère également : il ne contribua pas peu à leur rétablissement pas ses soins et ses conseils.

Il adressa de cette ville un mémoire à la *Société royale de médecine*, vers la même époque, et en avait encore deux autres en préparation. C'est alors aussi qu'il prend le titre de Coze de la Cressonnière.

Toutefois les forces humaines ont des bornes et Coze, comme bien d'autres, dut le reconnaître : le travail avait épuisé sa santé au point de lui faire regretter Beaulieu. De grandes douleurs de poitrine et un crachement de sang ne furent guéris que par un séjour de quelque temps en Suisse, puis une fièvre maligne le conduisit aux eaux de Bagnères (1784).

La même année, son régiment prit le nom de *Chasseurs des Ardennes*. Coze sembla reprendre en même temps la besogne avec une nouvelle ardeur. Il fait imprimer dans le *Journal de Médecine Militaire* un nouveau mémoire qui lui vaut les éloges les plus flatteurs, le fait redoubler de travail et le conduit, dit-il, à des découvertes curieuses.

En 1786, il est question du départ de son régiment d'Auch pour Tournon, ou pour Carcassonne. Cette perspective ne l'empêche pas de préparer alors. ainsi qu'il le dit lui-même, un ouvrage d'assez longue haleine, au moment où il venait de finir un autre mémoire contenant le résultat de recherches et d'expériences utiles, dont les savants faisaient déjà grand éloge, mais qu'il ne voulait, ajoutait-il, livrer au public que vers la fin de l'automne. Faisait-il allusion à son travail topographique sur la Gascogne ? je ne le crois pas, puisque c'est en 1786, pendant l'hiver, qu'il dit avoir souffert du siroco, au moment où il préparait cet ouvrage, et, à ce propos, il rappelle les travaux des champs auxquels il avait pris part dans son enfance, à Beaulieu.

L'année suivante (octobre 1787) je le retrouve avec son régiment à Carcassonne.

Le 8 janvier de la même année, son frère

Antoine, dans une de ses lettres, parle de lui
en ces termes :

« ... Pierre est aussi fort occupé, et il
« exerce sa santé en l'employant à l'utilité
« de la société et en la consacrant au travail
« et à certains ouvrages qui lui feront pro-
« bablement honneur. »

Et dans une autre lettre du 24 avril 1787,
il ajoute :

« Pierre se porte toujours bien : il nous
« marque qu'il vient de faire un voyage de
« dix à douze jours avec son lieutenant-
« colonel. Il nous prie, toutes les fois qu'il
« nous écrit, de vous faire bien des compli-
« ments. Je n'ai jamais connu personne si
« attaché à sa famille. »

Ce dernier éloge d'un frère par son frère,
était on ne peut plus mérité : Pierre avait
en effet l'esprit familial et l'amour des siens
développés à un très haut degré. Indépendamment de son affection pour son père et
sa mère, il savait qu'ils étaient le trait
d'union de la famille et ne cessait de leur
recommander tous les ménagements pos-
sibles.

Le séjour de Carcassonne fut de courte
durée : au mois d'août 1788 Coze était à
Schelestadt. La terre d'Alsace, au climat
peu favorable à la santé, avait alors de
nombreux malades, qui donnèrent à Pierre
beaucoup d'occupation. Les animaux, eux-
mêmes, y étaient victimes du charbon et de
la fièvre catarrhale. Aussi étudia-t-il en
même temps les maladies des bêtes, notamment le typhus. Il fit également des recherches sur le tabès ou fièvre hectique

des vaches, maladie dont aucun vétérinaire n'avait encore parlé.

C'est dans cette nouvelle garnison qu'il rencontra et remarqua mademoiselle Sadoul dont il demanda la main qui lui fut accordée.

Pierre Coze avait était apprécié par M. Sadoul père. La lettre suivante que celui-ci a écrite à l'occasion du mariage, au père de son futur gendre, en est un véritable éloge.

A Schelestadt, 20 avril 1790,

Monsieur Coze, Père, admodiateur de l'Abbaye de Beaulieu.

A Ardres (*sic*)   Boulonnais.

C'est avec une entière satisfaction, Monsieur, que je vois arriver le moment qui doit unir ma fille à votre fils ; sa conduite, ses talents et ses sentiments me répondent du bonheur d'un enfant qui m'est bien cher. D'après cela, Monsieur, vous ne devez pas douter de tout ce que je ferai pour rendre leur sort agréable. Ils seront unis mardy 27 de ce mois ; la fête aurait été bien complète, si vous aviez pu venir la partager : mais telle est notre destinée ; réduit à regretter de ne pouvoir connoître les personnes que l'on estime le plus, l'âge et les circonstances nous obligent à une privation bien amère. Ce ne seroit point tout perdre pour moy, si je pouvois espérer et recevoir souvent de vos nouvelles, de celles de madame Coze, que je prie de vouloir agréer mes hommages ; soyez persuadé du plaisir que j'aurois de suivre une correspondance aussi agréable, et de pouvoir vous renouveler souvent les assurances de mon estime et du sincère et inviolable attachement avec lequel j'ai l'honneur d'être, Monsieur,

Votre très humble et très obéissant serviteur. — SADOUL, Père,

Après son mariage, Coze resta encore quelque temps à Schlestadt, puis nous le retrouvons au Lieu, en octobre 1792.

Au moment de la Terreur il était à l'armée des Alpes, puis à l'hôpital militaire de Lyon (*commune affranchie*), pendant le siège de cette malheureuse ville. Il obtint, après ce siège, une commission pour l'hôpital militaire de Metz, puis fut nommé médecin en chef de l'armée de Sambre-et-Meuse.

L'an II, il était à Chambéry comme médecin de l'armée des Alpes et d'Italie. Il envoie, de cette ville, le 16 pluviôse, pour accepter la donation et partage que son père voulait faire de ses biens, à ses enfants, une procuration notariée, faite au profit de ses frères Louis-Marie et Jean-Louis, et passée en présence d'Amédée Chevalley, homme de lettres, natif et habitant de Chambéry.

Bientôt, à la création des écoles de médecine militaire, il fut appelé à celle de Strasbourg, comme professeur de clinique interne d'où il écrit — à la suite de la mort de son père — le 29 ventôse an IV, une lettre dans laquelle il exprime le désir qu'une existence indépendante soit assurée à sa mère.

A la même époque il régla par l'entremise d'un M. Michaud de Calais, la succession de son père.

En 1807 il était président du jury médical du Bas-Rhin ; il était encore en relations alors, avec la famille Butor, et notamment avec M. Butor, médecin à Boulogne. Il s'emploie toujours, quand il le peut, à rendre service aux gens de son pays d'origine, c'est ainsi qu'il fait réformer un sieur Drolet, originaire, je crois, de Ferques.

En 1809, l'école de santé de Strasbourg ayant été érigée en faculté, Coze fut confirmé le 7 février comme professeur de clinique interne de la nouvelle faculté, dont il devint doyen en 1815, fonction qu'il conserva jusqu'à sa mort.

Il perdit sa mère vers l'année 1810 ; dès lors semble disparaître le caractère enjoué que nous montre sa correspondance : dès lors, aussi, il semble enfermé dans ses devoirs de père, d'époux et de professeur.

Ce grand médecin mourut à Strasbourg, le 25 juin 1821, d'une attaque d'apoplexie foudroyante, genre de mort qu'il avait prévu. Il avait eu, six ou sept mois auparavant, une première hémiplégie légère : sa constitution forte et robuste le disposait à l'apoplexie.

Comme homme il était modeste, d'une conception facile, d'une mémoire heureuse, d'un jugement droit ; plein d'attention, de perspicacité et de persévérance ; d'un caractère doux, sensible et ferme, exact, ami de l'ordre et de l'exactitude, secourable, de bon conseil, de mœurs pures et de goûts simples, bon époux, bon père, bon fils, bon parent, bon ami ; rempli de tact, il avait une grande connaissance des hommes et des choses.

Au physique, regard vif et scrutateur, physionomie expressive, maintien grave ; il avait, en outre, une conversation animée, instructive et attachante.

Le médecin, chez lui, joignait, à toutes ces qualités, beaucoup de coup d'œil et un diagnostic rapide ; il était soigneux du pauvre comme du riche, tout à tous toujours ; prescrivant peu de remèdes et attachant la plus grande valeur au régime.

Il aimait aussi beaucoup les livres et déjà, à la mort de son père, il avait à Beaulieu — indépendamment de livres qu'il avait avec lui — une bibliothèque qui fut estimée alors 226 livres 15 sols 6 deniers, ce qui était quelque chose pour l'époque ; il philosophait aussi volontiers.

L'éloge de Pierre Coze fut prononcé le 20 décembre 1821, dans la séance solennelle de la distribution des prix par J. Tourdes, professeur et président de la faculté de médecine, membre correspondant de la *Société Royale d'Arras* et inséré dans les mémoires de cette société en 1822, et dans le *Tableau analytique des travaux de la Société des Sciences, Agriculture et arts du Bas-Rhin*, dont il était secrétaire, 1819 à 1821. H. Hugot parle de lui avec beaucoup d'éloges.

« Pierre Coze n'a pas laissé d'ouvrages proprement dits, mais malgré des occupations multiples, et les difficultés politiques de l'époque, il a trouvé le temps d'écrire un certain nombre d'intéressants mémoires (*notes de M. Léon Coze*).

1° Topographie de Dôle, en Franche-Comté (*Journal de Médecine militaire de 1787*) ;

2° *Topographie de la Gascogne et constitution épidémique observée à Auch en 1785*), travail couronné par la *Société royale de médecine* ;

3° *Observation d'un abcès de la rate ouvert dans l'estomac (Journal de Médecine militaire 1796)* ;

4° *Fièvre nerveuse pétichiale, qui a régné à Schlestadt pendant l'hiver de 1790-1791 (Journal de Médecine 1792)* ;

5° *Observations faites à l'hôpital militaire sédentaire de Lyon en 1792 - 1893 (in Recueils de Mémoires de Médecine militaire 1815)* ;

6° *Notice sur l'histoire de la Vaccine à Strasbourg (mémoire de la Société d'Agriculture de Strasbourg 1811)* ;

7° Différents mémoires lus à la Société des Sciences, Agriculture et Arts de Strasbourg (*Recueil de Mémoires de cette société*) qui sont :

Moyen de perfectionner l'agriculture ;

Sur la germination des blés (1814-1815) ;

Sur les récoltes de 1816 ;

Sur la culture du tabac dans le département du Bas-Rhin ;

8° *Topographie et Constitution médicale de l'Alsace, Lyon, Dole, Schelestadt ;*

9° *Statistique inédite de l'Alsace ;*

10° *Mémoire sur les effets du froid en 1789 ;*

11° *Température des eaux courantes de Strasbourg ;*

12° *Recherches sur la splenite* (application de sangsues) ;

13° *Études statistiques sur les rapports des mariages, naissances et décès de Strasbourg* (travail imprimé aux frais du gouvernement).

On trouve ces œuvres dans :

1° *Le Journal de médecine, chirurgie et pharmacie* (1789 à 1791) ;

2° *Journal de Médecine militaire* 1815-1816 ;

3° *Mémoire de la Société d'Agriculture de Strasbourg* (t. Iᵉʳ à IIᵉ).

Ceux-ci ont été réunis et tirés à part (Levrault, Strasbourg, 1812, in-8° de cinq feuilles) ;

4° *Annuaire statistique et recueil des actes de la Préfecture du Bas-Rhin.*

Quant à *la Topographie de la Gascogne* elle se trouve dans le *Recueil de la Société royale de Médecine* (séance publique du 1ᵉʳ septembre 1789).

Pierre Coze, avait aussi des vues très justes sur l'agriculture, les pâturages et les bestiaux, et l'avenir lui a donné raison. Il a perfectionné la seméiologie des lésions organiques du cœur, employé le premier le sublimé corrosif pour le traitement des maladies syphilitiques, et conseillé l'acide carbonique pour le traitement du tétanos et l'application des sangsues pour la splénite.

Il était membre de :

L'Académie royale de médecine ;

De la Société centrale des Agriculteurs de France ;

De la Société d'Agriculture de Strasbourg ;

Et d'autres sociétés nationales ou étrangères.

Pierre Coze était, en outre, un chrétien convaincu.

Comme il était né à Ambleteuse, la ville de Boulogne a donné à la rue d'Ambleteuse le nom de rue Pierre Coze « en souvenir, « dit l'arrêt du 20 février 1883, qui consacre « cette nouvelle dénomination, de l'illustre « praticien de ce nom, né à Ambleteuse, « près Boulogne, le 17 août 1754, mort doyen « de la faculté de médecine de Strasbourg, « le 22 juin 1822, auteur d'un grand « nombre de mémoires sur l'art de guérir, « sur la médecine vétérinaire et sur l'agri- « culture. »

Parmi les médecins remarquables que nous devons à l'exemple et aux conseils de Pierre Coze et à ses relations de famille, outre le Dr Coze de St-Omer, se trouve un homme de mérite : Antoine Appolinaire de Bonningue (d'une vieille famille de Wimille qui remonte au XVe siècle), né et mort à Guînes auteur de divers ouvrages et docteur médecin très habile.

Du mariage de P. Coze sont issus :

1° Marie-Françoise, dite Fanny Coze, qui a épousé M. Kayser, médecin militaire, agrégé et bibliothécaire de la faculté de médecine de Strasbourg, d'où deux fils ;

2° Jean-Baptiste Rosier, qui suit ;

3° Et Claire, alliée à Strasbourg à M. Emile Triponé, d'où trois filles : l'une madame Trombert a eu quatre enfants dont l'un magistrat, une autre mariée à un lieutenant-colonel, un financier, et une autre

Fanny, morte jeune, qui avait épousé le vénérable M. Ménard, fixé aujourd'hui à Hesdin en Artois, ancien receveur particulier des finances à Douai, révoqué pour avoir cru que la trilogie républicaine *liberté*, *égalité* et *fraternité*, n'était pas composée de vains mots (*notes personnelles, papiers de M. Maurice Coze, Bertrand, Précis de l'Histoire de Boulogne, Adolphe de Cardevaque, Dictionnaire biographique du Pas-de-Calais, abbé Haigneré, Dictionnaire historique, arrondissement de Boulogne, Larousse, Dictionnaire universel, Mahul, Annuaire nécrologique, Léon Coze, Notes biographiques, bibliographiques et généalogiques, correspondance de P. Coze, etc.*).

IX.

Le Fils de Pierre Coze

JEAN-BAPTISTE-ROZIER COZE

Jean-Baptiste-Rozier Coze, ci-dessus, naquit à Strasbourg le 9 décembre 1795. On remarquera que parmi ces prénoms se trouve celui de ROZIER, qui comme Hêtre, Thermidor, etc., a été pris dans le calendrier républicain. Dans une lettre écrite par son père, à sa famille, à Beaulieu, celui-ci fait ajouter par un de ses enfants, quelques mots de sa main : cet enfant était Jean-Baptiste-Rozier Coze.

Après d'excellentes études faites au lycée de Strasbourg, Jean-Baptiste-Rozier Coze obtint, en 1813, les diplômes de bachelier ès lettres et de bachelier ès sciences. Il com-

mença alors ses études médicales. Dès 1814,
nous dit son fils, il se distingua par les
services qu'il rendit dans les hôpitaux militaires envahis par le typhus. Il était alors
chirurgien surnuméraire à l'hôpital militaire d'instruction de Strasbourg ; lui-même
fut atteint du terrible mal, mais en guérit
heureusement. En 1816, il était nommé
préparateur de chimie médicale à la faculté
de la même ville, et le 15 juillet 1817 il sou-
tenait devant cette faculté sa thèse de doctorat intitulée « *Recherches sur le Chlore et
l'Acide hydrochlorique.* »

Bien jeune et déjà remarqué pour l'éten-
due de ses connaissances et son esprit d'initiative, Rozier Coze est chargé du cours de
chimie pharmaceutique à la faculté de
Strasbourg, le 9 novembre 1821, l'année
même de la mort de son père. Six ans plus
tard, le 9 octobre 1827, il est nommé professeur titulaire de matière médicale et pharmacie et devient doyen de la faculté, le 14
juillet 1835 ; je laisse la parole à l'un de ses
biographes : « Il entreprend alors cette
« œuvre d'organisation et de perfectionne-
« ment qu'il poursuit pendant vingt-deux
« ans avec autant de dévouement et de per-
« sévérance que de succès : il fonde l'en-
« seignement clinique réduit jusque-là à
« de faibles proportions ; des cliniques spé-
« ciales sont créées, un vaste hôpital est
« desservi par les professeurs de la faculté.
« Administrateur, puis président de la com-
« mission des hospices, il contribue à y
« introduire des améliorations, aussi utiles
« aux malades qu'à l'instruction : un labo-

« ratoire de chimie pathologique, le premier
« en France, est annexé aux cliniques dont
« se trouvent développées ainsi, par des
« recherches précises, les conditions scien-
« tifiques. »

En 1854, R. Coze eut l'idée de faire servir la faculté de Strasbourg à l'instruction des médecins militaires. Apres bien des démarches, après bien des rapports et une étude approfondie du plan d'organisation de la nouvelle école, R. Coze fit accepter par les ministères de la guerre et de l'instruction publique le progrès de cette création. Dès lors la faculté de Strasbourg, tout en restant civile, devint école du service de santé militaire, et arriva bientôt, se conservant jusqu'à la guerre de 1870, à un haut degré de prospérité.

Cette école de santé a fourni bien des médecins distingués. Le Dr Henri Libermann, bien connu à Boulogne, où il est mort il y a quelques années, avait suivi les cours de cette école et été élève particulier de R. Coze.

R. Coze prit sa retraite le 31 août 1857 ; il se retira d'abord à Remiremont en Lorraine, puis en Alsace à Oberbruck.

Là, il s'adonna à la charité en catholique convaincu, prodiguant gratuitement ses soins aux habitants de la localité et des montagnes environnantes, avec un dévouement admirable. Il y mourut, le 25 avril 1875, à quatre-vingts ans, après avoir assisté aux désastres de la patrie et à la chute de cette faculté de médecine de Strasbourg, au développement et à la prospérité de laquelle il avait si puissamment contribué.

Rozier Coze avait l'esprit investigateur et profond qui le poussait aux recherches expérimentales et scientifiques auxquelles il trouvait encore moyen de se livrer, malgré les occupations absorbantes de ses fonctions. Les comptes-rendus de l'Académie des Sciences contiennent, à diverses époques, des mémoires sur ces recherches, notamment :

1º En 1842 : *Remarques sur les effets généraux de diverses classes de médicaments;*

2º En 1848 : *Notes sur l'Ethérisation;*

3º En 1849 : *Expériences entreprises dans l'intention d'apprécier le mode d'action du chloroforme;*

4º En 1851 : *Sur la constriction des conduits biliaires et lymphatiques chez les cholériques.*

Il a aussi publié les mémoires suivants, dans la *Gazette médicale* de Strasbourg :

En 1848 : *Rapport sur la désinfection des fosses d'aisances de la ville de Strasbourg;*

En 1850 : *L'Eloge historique du professeur Masuyer;*

En 1852 : *L'Eloge historique de J. Tourdes, professeur honoraire de la Faculté;*

En 1852 : *De la provocation de l'avortement au point de vue moral et religieux.*

Une fois admis à la retraite, et nommé doyen honoraire, Rozier Coze s'occupa avec ardeur de questions religieuses.

En 1864, il fit paraître un livre de 240 pages, sur la *Passion, la mort et la Résurrection de N.-S. Jésus-Christ, narration complète au moyen de la coordination des*

Textes des quatre évangélistes. Cet ouvrage a paru à Paris chez Tora et Haton, éditeurs, 68, rue Bonaparte. Mgr André Raess, évêque de Strasbourg, ainsi que l'indique le livre, a donné son approbation à ce travail qui se vendit au profit de l'Eglise de N.-D. de Boulogne et il doit encore s'en trouver en vente quelques exemplaires chez le concierge de la cathédrale. C'est sans doute à cette occasion que R. Coze vint chez Mgr Haffreingue, dont les anciens élèves se souviennent encore de ce vieillard vénérable qu'était Coze.

En 1872, Rozier fit encore paraître un volume de 256 pages, imprimé à Colmar, et édité à Paris, chez Victor Palmé, 25, rue de Grenelle-Saint-Germain. Ce livre intitulé « *Essai d'interprétation de l'Apocalypse* », est aussi revêtu de l'approbation de Sa Gr. Mgr l'évêque de Strasbourg ; il contient une dédicace à la mémoire de Mgr Haffreingue, protonotaire apostolique, prélat de Sa Sainteté et édificateur de la cathédrale, parent et ami de l'auteur.

Coze était membre de :

1° *La Société des sciences, agriculture et arts de Strasbourg ;*
2° *De la Société d'agriculture et des beaux-arts de Boulogne-sur-Mer ;*
3° *De la Société de médecine de Strasbourg ;*
4° *De la Société de médecine de Besançon ;*
Et d'autres sociétés de médecine.

Nommé chevalier de la Légion d'honneur en 1839, il fut promu officier en 1846.

Il était en outre officier de l'instruction publique.

Il fut pendant de longues années médecin du collège royal de Strasbourg.

Il avait épousé, en 1828, mademoiselle Marie-Louise Roux, fille de M. Vital Roux, régent de la Banque de France, et de madame Roux, née Montagnat.

De ce mariage sont nés :

Premièrement : M. Pierre-Léon, qui suit ;

Deuxièmement : Madame Pauline Coze, née à Strasbourg, en 1821, mariée en 1839, à M. Xavier Tocquaine, garde général des forêts, mort sous-inspecteur à Toulouse en 1850, dont une fille unique, morte en 1882, à Oberbruck, épouse de M. Zeller, industriel, d'où postérité ;

Troisièmement : M. Emile Coze, directeur-administrateur de la Compagnie du Gaz du Nord et de l'Est, né à Holtzheim, en Alsace, en août 1827, allié en 1854 à mademoiselle Pauline Legrand, fille du directeur des contributions directes, de ce mariage six enfants :

1º M. André Coze, marié à mademoiselle Lebleu, de Belfort ;
2º Madame Louise Coze, veuve de M. Louis Lebleu ;
3º Madame Marie-Pauline Coze, épouse de M. Paul Mallet, à Paris ;
4º M. Edouard Coze ;
5º M. Emile Coze, qui a habité une propriété à Vauxbuin, près Soissons ; il est mort en 1898 ;
6º M. Michel Coze.

X.

Le Fils de Rozier Coze

Pierre-Léon Coze

M. Pierre-Léon Coze, ci-dessus, né à Haguenau, en Alsace, le 13 octobre 1819, continua les traditions de son père et de son grand-père.

Il fit ses études au collège royal de Strasbourg; bachelier ès lettres et ès sciences en 1837, il commença, cette année-là même, ses études médicales; il fit ensuite un séjour d'une année en Allemagne pour apprendre la langue de ce pays et visiter quelques centres scientifiques.

En 1840, M. Léon Coze fut nommé, au concours, aide de clinique de la faculté de Strasbourg, et obtint le diplôme de docteur en médecine en 1842; il fut ensuite médecin de la manufacture d'armes de Mutzig. En 1844, il est nommé médecin de l'hôpital de Sainte-Marie-aux-Mines, en Alsace, et médecin vaccinateur du canton. En 1851, il se fixe à Strasbourg où il succède à son père comme médecin du lycée et conserve ce titre et ces fonctions jusqu'à l'annexion en 1870. Il concourt pour l'agrégation en 1853, et, le 24 janvier suivant, il est nommé agrégé par la faculté de Strasbourg. Le 13 juillet 1858, Napoléon III le nomme professeur de thérapeutique et de matière médicale à la même faculté. En 1854, la ville de Gray, en Franche-Comté, et son arrondissement avaient été très sérieusement atteints par

le choléra qui sévissait alors en France.
M. Léon Coze y fut envoyé en mission avec
dix étudiants, par les ministres de la guerre
et de l'instruction publique, pour y com-
battre l'épidémie.

En 1870, pendant la guerre, et avant la
réinstallation en France de la faculté de
médecine de Strasbourg, M. Coze prit du
service et fut nommé à Perpignan, comme
médecin principal de deuxième classe, à
titre auxiliaire ; il y occupa ce poste jusqu'en
mars 1872. Il se rendit alors à Nancy où fut
transférée la faculté de Strasbourg. Il contribua, dans une large mesure, à l'installa-
tion et à la prospérité de ce nouveau centre
scientifique. M. Coze, après une longue carrière, et atteint par la limite d'âge, prit sa
retraite et se fixa à Nancy ; il fut nommé
professeur honoraire le 1er novembre 1889.

Il mourut à Nancy, à soixante-dix-sept
ans, le 4 octobre 1896.

Deux discours furent prononcés sur sa
tombe, l'un par M. Heydenreich, doyen de
la faculté de médecine et l'autre, coïnci-
dence curieuse, par M. Tourdes, doyen
honoraire, fils de celui qui avait prononcé
l'éloge de Pierre Coze (1).

Léon Coze dans des recherches faites avec
Feltz a eu le grand mérite d'établir la nature microbienne de la plupart des maladies
infectieuses.

(1) V. *Revue Médicale de l'Est,* n° du 15 octobre 1896 ou ces deux discours sont reproduits
pp. 639 à 644 (23° année, t. XXVIII. p. 20), Nancy,
imprimerie Crépin-Leblond. — Paris, Alcan, édi-
teur, 108, boulevard Saint-Germain.

Il a fait paraître plusieurs ouvrages ou mémoires concernant la médecine.

1. *De la Rectocèle vaginale et de son traitement par une opération spéciale d'Episioraphie* (1842, Strasbourg, Thèse de la faculté) ;

2. *Badigeons de collodion dans les affections abdominales diverses* (Académie de médecine, 1852) ;

3. *Des médicaments narcotiques* (Thèse d'agrégation, 1853), Thèse de la faculté ;

4. *Emploi du gaz oxyde de carbone comme anesthésique local* (compte - rendus de l'Académie des sciences, 1856) ;

5. *Recherches expérimentales sur l'influence de quelques médicaments sur la Glycogénie* (compte - rendus de l'Académie des sciences, 1857) ;

6. *Mémoire sur les fermentations intra-organiques*, lu à la réunion des sociétés savantes, 1865 ;

7. Plusieurs mémoires sur la présence des infusoires, et l'état du sang dans les maladies infectieuses de 1866 à 1869 (*compte-rendus de l'Académie des sciences et Gazette médicale de Strasbourg*) ;

8. *Des inoculations de tartre stibié comme moyen résolutif* (Thèse de V. Coze, 1867, Annuaire de Thérapeutique, 1868) ;

9. *Recherches cliniques et expérimentales sur les maladies infectieuses.* 1 vol., Paris, 1872, J.-B. Baillière et fils ;

10. *Mémoire sur la fragmentation des Balles et la recherche de leurs fragments* (compte-rendus de l'Académie des sciences,

1871, et *Gazette hebdomadaire*, 5 janvier 1872).

D'après ces recherches, souvent citées dans les traités de physique, les balles que l'on croyait explosibles, ne l'étaient nullement, elles n'étaient rien autre chose que des projectiles ordinaires entrant en fusion au choc d'un corps dur, bouton, médaille, monnaie, os même, etc., et dont la vitesse brusquement anéantie, se transforme en chaleur qui met le plomb en fusion ;

11. *Mémoire sur la hernie lombaire* (Académie de médecine, 1872, et *Gazette médicale* de l'Est, Nancy, 1873) ;

12. *Mémoire sur les greffes pratiquées avec des peaux de lapin* (compte-rendus de l'Académie des sciences, 1872) ;

13. *Mémoire sur un procédé de dilatation des rétrécissements infranchissables de l'urèthre, présenté à l'Académie de médecine* (*Gazette hebdomadaire de médecine* de Paris, 8 août 1872) ;

14. *Classification des formes médicamenteuses pharmaceutiques, Cours de matière médicale* (Nancy, Berger-Levrault, 1881, brochure) ;

15. *Classification physiologico — Thérapeutique des médicaments* (Nancy, Berger-Levrault, 1882, brochure) ;

16. *Recherches comparatives sur l'action du muguet (convulsaria majalis) et de la Digitale*, mémoire présenté à l'Académie de médecine en 1883 (*Bulletin général de Thérapeutique*, 15 décembre 1883, Paris) ;

17. *Recherches de Pathologie et de Thérapeutique expérimentale sur la Tuberculose,*

mémoire présenté à l'Académie de médecine en mars 1884 (*Bulletin général de Thérapeutique*, 30 mars 1884, Paris) ;

18. *Recherches sur l'Antipyrine* (Thèse de M. Devaux, Nancy, 1884) ;

19. *Recherches sur la Coca et la Cocaïne* (Thèse de M. Aubry, Nancy, 1884) ;

20. *Action physiologique de l'Urethane*, mémoire présenté à l'Académie de médecine avril 1886 (*Bulletin général de la Thérapeutique*, 30 avril 1886, Paris) ;

21. *Mémoire relatif à la réorganisation et au fonctionnement des Facultés de médecine*, adressé à M. le ministre de l'instruction Publique (Nancy, imprimerie Berger-Levrault, 1875) ;

22. *Rapport sur les réformes à apporter au nouveau régime d'examens institué par le décret du 20 juin 1878* (Nancy, imprimerie Berger-Levrault, 1886) ;

23. M. Léon Coze est aussi l'auteur de notes manuscrites, concernant la branche de sa famille qui a habité l'Alsace, ces notes sont très intéressantes à consulter au point de vue généalogique, biographique et bibliographique.

Il a été nommé, en 1874, membre correspondant de l'Académie de médecine, et en 1888, membre associé national de l'Académie de médecine, chevalier de la Légion d'honneur ; il était aussi officier de l'instruction publique et décoré de la médaille d'or à la suite du choléra de 1854.

Il a été quatre fois lauréat de l'Université (Faculté de Médecine) et en outre lauréat de l'Académie des sciences.

Ainsi qu'on l'a déjà vu, il a épousé en 1844, mademoiselle Amélie Coze, née à Ivanoski, dans le district de Legoff, gouvernement de Koursk (Russie), le 3 octobre 1826, fille de M. Martin Coze et de dame Annette-Pauline Flament (*voir ci-dessus*).

De ce mariage :

1º M. Vital Coze qui suit ;

2º M. René Coze, né à Sainte-Marie-aux-Mines, le 9 janvier 1847, mort le 9 février 1851 ;

3º Madame Méry Coze, née au même lieu, le 15 novembre 1850, alliée en 1874 à M. Louis Brunet, directeur de l'usine à gaz de Châlons-sur-Marne, dont six enfants.

M. Coze devenu veuf épousa, en secondes noces, le 25 septembre 1855, mademoiselle Thérèse-Célina Constant, née à Valence, le 25 septembre 1829, fille de M. Barthélemi Constant, notaire à Valence, et de madame Justine Bobichon, décédée en 1854.

De ce second mariage :

1º Madame Berthe-Méry-Justine Coze, née à Strasbourg, le 23 juillet 1856, aujourd'hui religieuse de N.-D. du Cénacle, à Versailles ;

2º Madame Jeanne-Aline Coze, née à Strasbourg, le 29 novembre 1861, alliée à M. Lucien Roussel, ancien professeur de l'école forestière de Nancy.

XI.

Le Fils de M. Léon Coze
M. Vital Coze

M. Vital Coze, ci-dessus, est né à Sainte-Marie-aux-Mines, le 17 mai 1845 ; fit ses études au lycée impérial de Strasbourg, obtint les diplômes de bachelier ès lettres et ès sciences et entra à la faculté de médecine comme élève de santé militaire.

En 1867, il soutint le 9 décembre, devant la faculté, sa thèse de doctorat *sur l'emploi externe du tartre stibié* et entra, comme aide-major stagiaire, à l'hôpital du Val de Grâce d'où il fut envoyé dans la province d'Oran.

En 1870, il fut attaché au corps du général Vinoy ; il prit part à plusieurs affaires pendant le siège de Paris où sa belle conduite lui valut la croix, en janvier 1871. Il fut ensuite aide-major de la garde républicaine, puis à l'hôpital militaire de Nancy.

Promu médecin - major de deuxième classe, dans un régiment de cuirassiers, en garnison à Commercy, il démissionna en 1878, pour s'établir médecin civil à Valence où il s'était marié. Il se fixe en 1891 à Aix-les-Bains (Savoie), où il devient médecin de l'hospice thermal et secrétaire de la Société Médicale d'Aix-lès-Bains ; il est médecin-major de 1re classe dans la territoriale, médecin-chef de l'hôpital de campagne n° 2, du 14e corps d'armée ; M. Vital Coze est chevalier de la Légion d'honneur.

Il avait épousé :

En premières noces en 1874 :

Mademoiselle Marie Schuh, née à Haguenau, orpheline de père et de mère, morte en couches en 1876 ;

D'où :

Mademoiselle Marie-Louise Coze, née le 3 mars 1876.

En deuxièmes noces, en 1878, à Valence, Mademoiselle Claire Figon, morte en mai 1875 ;

D'où :

1º M. Fulbert Coze, né à Valence le 12 mars 1879, qui se trouve être le dernier représentant mâle de sa branche; il est actuellement élève à l'Ecole du service de santé militaire à Lyon, continuant ainsi les traditions de sa famille, ce qui fera bientôt cinq générations de médecins ;

2º Et mademoiselle Marie-Amélie Coze, née à Valence le 3 septembre 1881.

Et en troisièmes noces, en 1897, mademoiselle Gabrielle-Amédée Giraudel-Guérin.

Nous avons cru intéressant de donner cette filiation d'une famille qui a produit dans quatre générations quatre médecins remarquables, tous membres de la Légion d'honneur, le père, le fils, le petit-fils et l'arrière petit-fils, sans compter le Dr Coze, de Saint-Omer, espérant que ces notes écrites sans aucune recherche auront pu plaire à quelques amis de notre chère et vieille province et trop heureux si nous avons pu atteindre ce but, dans la modeste mesure de nos faibles et humbles moyens.

Quelques lettres justificatives

A la suite des notes qui précèdent il m'a semblé intéressant de donner quelques lettres de Pierre Coze, tant comme pièces justificatives qu'à cause de leur valeur documentaire.

Dans le Boulonnais nous avons peut-être péu de correspondances de la même époque, et de personnages de l'importance de Pierre Coze.

En tous cas ces lettres donnent pas mal de renseignements sur ce temps-là, elles nous montrent leur auteur dans son intimité, avec ses idées philosophiques et personnelles, ses observations, son esprit de famille, etc. On y trouve des anecdotes intéressantes à bien des points de vues.

Tel est mon avis. Ai-je raison ?

Qu'on en juge :

PREMIÈRE LETTRE

Une lettre de nouvelle année en 1773-74

Mon cher père, ma chère mère,

Les devoirs de la nature et l'inclination me font une loy bien agréable de vous faire part des vœux que j'addresse au ciel pour la conservation de vos jours, c'est surtout en ce renouvellement d'année que je dois m'appliquer à vous rendre ce tribut. Permettez-moy de vous la souhaiter bonne et heureuse, suivie d'un grand nombre d'autres, dont vous puissiez avec une santé favorable compter tous les instants par autant de grâces et bénédictions. J'addresse sous votre bon plaisir les mêmes souhaits à mes frères et sœurs et à mes oncles Léonard et Fidel et les embrasse et salues avec autant de tendresse que j'ay l'honneur d'être avec un respect et une soumission inviolable,

Mon cher père, ma chère mère,

Votre très humble et très obéissant serviteur et respectueux fils,

P. Coze.

Paris, le 28 décembre 1773.

Je prie un de mes frères de vouloir bien avoir la bonté de la souhaiter à tous mes oncles, tantes, cousins, cousines, etc., pour me dispenser de leur écrire par ce que j'ai des ouvrages plus pressé que celle-là, qui est mon étude, car cela ne laisse pas que de demander du temps : autre raison je ne saurais à qui adresser les lettres à Boulogne. je vous embrasse avec cette tendresse filial qui ne s'éfacera jamais.

DEUXIÈME LETTRE

MM. de Gargant, de Mongazin et Bonningue

Mon cher père, ma très chère mère,

J'ai reçu, il y a environ huit jours, une lettre de mon frère Jean-Louis, par laquelle j'apprend que vous êtes en bonne santé qui est le plus grand trésor que Dieu puisse nous envoyer ; et dont je ne cesse de faire des vœux au ciel pour la continuation, il me marquait dans sa lettre, d'aller voir messieurs De Mongazin et De Gargant ; je ne voit pas une grande nécessité à cela, attendu

que je n'ai pas l'honneur d'être connu d'eux ;
et vous savez qu'il est bien désagréable
d'aller chez une personne dont on (n')ait
pas connu ; car il faut dire son nom, son
pays, expliquer sa généalogie, encor ne
peut-on pas se faire entendre et vous sentez
combien c'est disgracieux ; or j'ai conclu
qu'il était fort inutile de me présenter, ne
sachant pas d'ailleurs si vous êtes connu
d'eux. Si vous lêtes marquez le moy dans
votre prochaine lettre, pour lors j'aurai
l'honneur d'y aller.

Le domestique de M. De Mongazin ma
dit qu'Hubert lui avait dit que je vous
envoye un rasoir je vous en ferai passer par
le domestique de monsieur de Mongazin ou
de Gargant.

Je vous prie, mon cher père, de me faire
passer de l'argent par la première occasion
car j'en suis fort court.

Mon cher père les lettres de M. Bonningüe
mon (été) et me seront toujours agréables,
mais pensez que les votres l'emportent sur
elles c'est pourquoi je vous prie de m'écrire
à vos moments perdus car c'est ce que désir
celuy qui a l'honneur d'être avec le plus
profond respect.

Mon cher père, ma chère mère, votre très
humble et très obéissant serviteur et soumis
fils,

P. Coze.

Paris ce 28 février 1774.

Mille compliments à mes frères et sœurs,
oncles tantes, etc. J'ai demandé des souliers
à mon cousin Jean-Louis, s'il ne sont pas

parti quand vous recevrez la présente, je vous prie d'y ajouter deux ou trois paire de bas de fils.

TROISIÈME LETTRE

Accusé de réception d'argent. — M. Leclercq. — Demande d'étoffe et de colis. — Beau temps.

Mon cher père,

Je viens de recevoir l'argent que vous avez eu la bonté de me faire passer par M. Bonningue, je ne vous ferai pas un détail sur le remerciement que je vous doit, et cela en espérant de vous en témoigner ma reconnaissance de vive voix, quelque jour, au surplus ce serait des répétitions qui ne ferai que vous êtes à sarges (*sic*) et vous ennuier.

Je ne vois rien en ce pays de particulier et qui puis (*sic*) vous intéresser excepté le beau tems qui y fait depuis quelques jours qui fait que toutes les campagnes prometes de très belles richesses.

Comme M. Le clercq garçon apoticaire part pour paris et viens dans la même maison que moy, puisque c'est moy qui l'ait proposé à M. Buisson. Si dis-je vous vouliez me faire passer une couple de pièces de maroquin avec de la toille pour doubler deux vestes et deux culottes, ce la me fairais (*sic*) beaucoup de plaisir parce que je n'ai rien pour passer mon été, ce qui m'épargnerai beaucoup de dépenses parce que tout est très cher à paris et surtout la toille ; en conséquence si vous ne trouvez pas ce cy hors de place je vous prie de lui remettre pour le 19 de ce moys qu'il partira. Vous ajouterez à cela quelques colles (*sic*) car de ceux que j'ai emporté je nen ai plus que deux ou trois de metables.

Vous obligerez celuy qui a l'honneur d'être avec le plus profond respect,

Mon cher père, ma chère mère, votre très humble et très obéissant serviteur et soumis fils,

P. Coze.

Vous vous adresserez chez M. son père rue des Capucins, et si il y a quelquuun de mes frères qui veuille me faire le plaisir de m'écrire il se chargera des lettres avec plaisir.

Adieu cher père je vous embrasse de tout mon cœur ainsy que mes frères et sœurs.

Suscription de la lettre :
A Monsieur, Monsieur hamy, hauteville à Boulogne-sur-mer, pour remettre à M. Coze, receveur de l'abbaye de Beaulieu à Beaulieu.

QUATRIÈME LETTRE

Mort de Louis XV. — Deuil public. — M. Arnoult. — Alternative d'aller à Beaulieu ou de porter le deuil. — Dépense quand même.

Mon cher père,

Vous n'ignorez sans doute pas le coup qui vient de nous frapper, je veux dire la mort de sa majesté Louis Quinze qui fut le

10 de ce mois à 3 heures 1 quart après midy. Vous n'ignorez 'sans doute pas non plus qu'on est obligé de porter le deuil dans cette capitale, deuil que l'on deverai (*sic*) porter jusqu'à dans la postérité la plus reculée, après les bienfaits que ce grand Roi a toujours comblé son peuple.

On doit donc le commencer, ce deuil, dans quelques jours, et c'est pour cette raison que je vous écrit aujourd'huy pour que vous me fassiez passer quelqu'argent pour acheter les différentes choses qu'il faut telle que veste, culotte, bas, manchettes, crêpe noir, etc., etc., qu'il faut pour ne pas sembler ridicule au public, car si on est pas en deuil on ne peut entrer dans aucunes promenades et autres lieux publics.

Comme M. Arnoult vous a écrit pour obtenir la permission que je vous aille voir et je ne sçais si vous avez trouvé sa proposition juste ; je vous prie de me donner une réponse à se sujet le plutôt possible ; car si je vais à Beaulieu je pourrai me dispenser de faire toute ces dépenses de gros deuil qui dure 2 ou 3 mois. Si, au contraire, je ni vais pas, il faut le porter nécessairement. En contant sur votre bonté j'ose espérer que vous voudrez bien me faire passer de l'argent pour faire ma route et pour payer différentes bagatelles (en supposant que vous acceptez la proposition) si la demande n'est point reçu vous jugez, parce que j'ai eue l'honneur de vous dire plus haut que j'en aurai besoin la même chose. Vous n'ignorez pas, cher père, combien me sera cher le moment ou j'aurai le plaisir de vous embrasser ainsi que ma chère mère, frères, sœurs, moment que je désir depuis long-temps et que je prie Dieu pour qu'il me fasse la grace de le saisir le plutôt possible, je suis avec sincérité mon cher père, votre très humble et très obéissant et soumis serviteur et fils,

PIERRE COZE.

Paris 14 may 1774.

Connaissant votre tendresse paternelle qui me donne des preuves que vous ne me refuserez pas cette grace, je suis décidé de partir le 2 ou 3 juin avec M. Arnoult qui vous salue et qu'il attend ainsy que moy de vos nouvelles avec impatiences.

Adieu cher père.

CINQUIÈME LETTRE

Un traitement d'Erésypèle. — Heureux retour à Paris. — Meules nombreuses, genre de culture et activité des moissonneurs le long de la route. — Les amis de Paris — Fusées lancées dans le Palais. — Mesures de police. — M. Buisson. — L'abbé Froideval. — Les Quastelains.

Mon cher père,

J'espère que cette présente vous trouvera en bonne santé, ainsi que ma chère mère, mes frères et sœurs. Cependant mon inquiétude à votre égard est incomparable par rapport à votre jambe que j'ai laissé guérie imparfaitement mais sans aucun danger. Si donc elle est encore dans le même état que lorsque je suis party employez comme j'ai eu l'honneur de vous dire les bains fait avec les herbes mollientes : telles que la mauve, la mercuriale, le bouillon-blanc, les feuilles et les fleurs, le seneçon, la graine de lin, le son bouilli dans l'eau simplement. Si cela n'emporte pas ce petit reste je vous conseille d'avoir recours au bouillon de tripes qui est supérieur aux autres drogues cy dessus. Vous pourrez de toutes les plantes que j'ai nommé plus haut employer celles que vous trouverez le plus commodement car il n'est pas dit de mettre de toute ces plantes dans ce bain. En employant ce bain j'espère que vous vous ferez quitte de ce villain reste d'irisipele en peu de temps suivant le sentimens des gens éclairés que j'ai consulté à Paris. J'ose espérer que vous voudrez bien me marquer votre situation sous peu de temps, en me disant un mot de ce qui se passe dans le païs. A mon arrivée à Paris (qui fut samedy 17) je trouvais tous mes amis qui matendoient à bras ouverts ; et bien plus M. buisson, qui a sçu mon arrivé, a envoyé ses deux garçons au devant de moi. Je les rencontrais à environ deux lieues de Paris, du côté de Senlis. Je ne trouvois rien de changé dans ma chambre ; tout y étoit comme je l'avois laissé.

Je vais vous dire un mot du païs ou j'ai passé, cette route est beaucoup plus agréable que celle de picardie, quoique nous avons eus plusieurs jours de mauvais temps je ne laissais que de m'amuser en route. Premièrement, de voir plusieurs villes, entre autre St-Omer, Aire, Béthune, Arras, Péronne, bapomme, Pont Ste Macquesence, et autre dont la mémoire me refuse de nommer... secondement c'est le païs le plus beau et le plus plâ depuis St-Omer jusqu'à Paris qu'on puisse désirer ; car je crois qu'il n'y a pas quatre montagnes dans toute la route ; troisièmement enfin je me réjouissoit de voir toutes ces *moies* dans le millieu des champs qui forment par leur multitude des espèces de hameau. Non seulement cela, on voyoit tout le monde travailler à... l'agriculture : l'un bechoit la terre, car dans ce païs la ils (cultivent ?) la terre avec des bêches l'autre labouroit les terres qui étoient encore chargé de leurs récolte ; c'est à dire quand leurs fèves sont arrachées ils les lient et les mettent en chaîne sur le labour. On en voyoit d'autre qui batoit leurs colsacs. La moisson est faite à l'exception de sinon quelques pièces d'avoines et de fèves, et cela du coté de St-Omer, car du coté de paris on ne voyoit plus la moindre chose.

Rien de nouveau à Paris, tout y est d'un calme sans pareil depuis quelque temps. Quand je dit depuis quelque temps cé qu'il y a environ 3 semaine que les bourgeois de la place de.... s'avisèrent de jeter des fusées dans la cour du palais, soit disant en réjouissance de l'exile de M. le chancelier et de M. l'abbé Terrai. Les magistrats toujours attentifs à la sûreté du public, firent défenses d'en jetter d'avantage sous peine de punition corporel et, pour cet effet, on fut obligé de mettre un nombre considérable de garde à toutes les portes du palais, dans la cour et dans les rues circonvoisines, pour éviter les incendies qu'auroient pu causer ces sus dites fusées et pour tenir ces gens en brides.

Je finis en vous embrassant de tout mon cœur, ainsi que ma chère mère, mes frères et sœurs et suis pour la vie avec respect, mon cher père et ma chère mère, votre très humble et très obéissant serviteur et soumis fils,

P. COZE.

Faites, je vous prie, mes compliments à mes oncles, tantes, amis et à tous ceux qui s'intéressent à moy, sans oublier l'abbé Frodeval que j'embrasse et suis en peine de savoir s'il vient à Paris cette année.

J'ai remis sa lettre à la cousine de Michel Quastalin, qui leur fait des complimens et a envie que michel se fasse sœur de la charité comme elle.

Suscription de la lettre :

A Monsieur, Monsieur Hamy, rue des Cuisiniers, haute-ville, à Boulogne-sur-mer, pour remettre à Monsieur Coze, fermier générale de l'abbaye de Beaulieu à Beaulieu.

SIXIÈME LETTRE

M. Sannier. — Le duc de Chartres. -- Combat naval. — Prétendu succès manqué à cause du duc. — Fêtes au Palais royal, à l'Opéra. — Plaisanterie sur les Anglais.-- Le peuple jette à l'eau un jeune savoyard. — Nouvelle sortie de la flotte. — Départ du duc de Chartres. — Jugement sévère

*sur sa conduite publique et privée. — Une
chanson. — Le duc semble vouloir se
rendre populaire, il s'essayait peut-être
pour la révolution. — Un oncle et une
sœur malades. — Réparations à l'abbaye.
— M. de Rochebrune. — M. Bonningue.
— Discrétion. — Six noyés.*

Mon cher père ma chère mère,

Je m'en voudrais toujours si je laissais
passer l'occasion du voyage de M. Sannier
sans vous renouveller les assurances de mon
attachement, et sans vous apprendre quelque
anecdotes secrètes qui ne peuvent pas
être mises à la poste dans la crainte qu'on
vienne à décacheter les lettres. Vous avez
sçu que M. le Duc de Chartres étoit embar-
qué sur la flotte de M. le comte D'orvillers
en qualité de lieutenant général et de chef
d'escadre, vous avez encore sçu qu'il s'est
donné un combat naval le vingt sept de
juillet où il étoit. Eh bien ce combat, quoiqu'il ait été fort exalté par la nation, s'est
réduit à fort peu ne choses : on s'est fait
beaucoup de mal de part et d'autre et il n'y
a point eu de succès décidé pour l'un ni pour
l'autre. On demande pourquoi ? la raison en
est simple, c'est que, pour garantir le vais-
seau de M. le duc de Chartres, on a
dérangé l'ordre de Bataille avantageux que
nous avions, et ce dérangement nous a fait
manquer la prise de cinq vaisseaux de
lignes qui ne pouvoient plus l'éviter : voilà
donc l'effet qu'a produit ce grand prince sur
notre flotte ! voilà nos prétendus avantages ;
voilà à quoi se réduit cette victoire qu'on

a tant chanté à Paris. Pendant sept ou huit jours que le prince a resté à Paris apres ce combat, c'estoit tous les jours de nouvelles fêtes au palais royal. On y tira des feux d'artifices, on y donna des bals, et ce qui n'est pas en l'honneur de la nation, c'est qu'on s'est permis une infinité de mauvaises plaisanteries sur le conte des anglois, on a même été jusqu'au point de prendre un petit savoyard qu'on supposoit être l'amiral Keppel, et on l'a jetté à l'eau. Tous les musiciens de l'opéra se sont rendus, un soir, au palais, pour y donner un concert à M. de Chartres, enfin pendant huit ou dix jours nous avons presque été persuadés que nous avions eu de très grands succès sur les anglois. Cette victoir s'est évanouit, on a donné des ordres à M. le duc de Chartres de se rendre à Brest, on a fait ressortir notre flotte pour la seconde fois et nous attendons une victoir plus complette que la première. Le duc de Chatres n'étoit pas parti de deux jours qu'on vit paroitre la chanson suivante sur son conte :

Vous faites rentrer nôtre armée (1)
L'Angleterre très allarmée,
 Vous en louera
Et vous joindrez ce suffrage
Les lauriers et le digne hommage
 De l'Opéra (2)

(1) Il faut que vous sachiez que notre flotte est rentrée aussitôt qu'elle eu soutenu le combat contre les anglais.

(2) L'hommage de l'Opéra, c'est que M. le duc de Chartres a été à l'Opéra à Paris et qu'on lui a présenté des lauriers.

Quoi ! vous avez vu la fumée
Quel prodige ! la renommée
    Le publiera
Revenez vite, vite (1) il est bien juste
D'offrir votre personne auguste,
    A l'Opéra

Chers badauts courez à la fête
Pâmez vous, criez à tue tête,
    Bravo (2) Brava
Cette grande action de guerre,
Jusqu'ici ne se trouve guère,
    Qu'à l'Opéra (3)

Grand Prince poursuis ta carrière,
Franchis noblement la barrière (4)
    De l'Opéra
Tout le jardin le préconise
A jamais tu t'immortalise,
    A l'Opéra (5)

Tel cherchant la toison fameuse,
Jason, sur la mere orageuse,
    Se hasarda

(1) On ne sait pas pourquoi M. le duc de Chartres est revenu, ce voyage a paru inutile.

(2) Bravo est un mot italien qui veut dire bien, fort bien. Aussi tous nos badauts crioient quand ils voyoient ce prince Bravo, Brava.

(3) Effectivement il ni a eu que l'Opéra et la maison de M. le duc de Chartres qui aient donné des fêtes. La nation n'a rien fait si on excepte quelques badauts.

(4) M. le duc de Chartres, en sortant de l'Opéra, s'est promené dans son jardin pour recueillir les aplodissemens du publique.

(5) Cette critique est très amère, c'est lui dire que le public n'est pour rien dans les aplaudissemens qu'on lui donne, mais qu'il ni a que l'Opéra.

> Il n'en eut qu'une et pour vos peines,
> Je vous en promets deux douzaines,
> A l'Opéra (1)

Cette chanson est dit on ne M^de la duchesse de Bourbon, sa sœur. Vous savez que depuis le soufflet qui fut donné à cette princesse par le comte d'Artois qu'elle ne peut pas souffrir son frère parce qu'il n'a pas cessé de voir le comte d'Artois et qu'il a refusé constamment de prendre la parti de sa sœur. Il s'est même permis un propos fort indescent à ce sujet la : il a dit qu'elle n'était ni sa fille, ni sa mère, ni sa femme, et qu'il ne vouloit pas se mêler de ses affaires (2). D'après cela Mad^e de Bourbon lui a fait refuser sa porte en lui disant qu'elle ne vouloit recevoir que ses amis. Il y a plusieurs autres couplets qui courent dans le monde, et que je n'ai pas encore : on les dit au moins aussi méchants que ceux-ci, ou encore que Monsieur frère du roi en est l'auteur, je vous les ferai passer si l'occasion sans présente.

En faisant l'histoire de ce prince je ne dois pas oublier de vous dire que l'on a

---

(1) Ce couplet est un peu sotissier. Il veut dire que M. le duc de Chartres aura deux douzaines de fille d'Opéra à son service. Si cela arrive au sur plus il n'en sera pas fâché, tout le monde sait qu'il aime beaucoup les femmes, quoiqu'il est une femme aussi vertueuse qu'elle est aimable cela ne l'empêche pas d'avoir des maitresses et de courir toutes les P... de Paris.

(2) Ces paroles imprudentes auraient pu être exploitées par ceux qui prétendent que le duc était fils du géôlier italien Chiappini, toutefois il n'a pas ajouté : ni *sa sœur* (note de l'auteur).

examiné sa conduite scrupuleusement en même tems que l'on calculoit les avantages et les inconvénients qui y a de le laisser sur mer. Le résultat n'est pas à son avantage. Le Roi lui a écrit, il y a plusieurs jours, pour le faire revenir. Il arrive aujourd'hui jeudy, 10 du mois, le Roi lui a marqué qu'il lui conseilloit comme ami, de revenir, et que, comme Roi, qu'il lui ordonnait.

On l'attend aujourd'hui et je ne sais pas comment cette arrivée prendra dans l'esprit du public. J'aurai peut-être occasion de vous en faire par la suite le détail.

A peine ai-je le tems de vous faire cette lettre, mes occupations sont si considérables que je n'ai de tems que celui que je prends sur mon sommeil. J'aurai beaucoup d'autres choses à vous mander, si je n'étois pas pressé. Qu'il me suffise, pour ce moment ci, de vous assurer que je suis, avec le plus profond respect, mon cher père ma très chère mère, votre très humble très obéissant serviteur et soumis fils,

P. Coze.

Je vous en prie recommandez à ma sœur de ne point négliger les avis que je lui ai donnés dans ma dernière lettre. Mil compliments à mes frères et sœurs, que j'embrasse, ainsi que vous, du fond de mon cœur. Je vous prie de ne pas tarder à me donner de vos nouvelles, de m'apprendre comment va mon oncle sur le sort de qui je suis inquiet. Mandez moi si Hubert est entré aux Sts Bertins, mandez moi aussi si vous voudriez vous charger des réparations de l'abbaye de

Beaulieu. J'en parlerai à M. de Rochebrune, mais surtout écrivez moi cela tout
de suite car il partira surement bientôt pour
la campagne. Adieu. Ne montrez ces réflexions sur M. le duc de Chartres qu'à des
gens dont vous serez bien sur, qui n'en par-
leront à personne. Peut être que M. Bonningue ne serai pas fache de voir la chanson.

Mardy dernier, jour de la Vierge, il y a
eu six personnes de noyer dans la rivière,
par l'imprudence d'un batellier, ce qui est
plus malheureux c'est que dans le nombre il
se trouve une femme grosse. J'avois raison
de vous dire qu'on ne s'éveille à Paris que
pour apprendre quelque malheur.
Du Jeudy 10 de septembre 1778.

SEPTIÈME LETTRE

*Frais d'équipement. — Choix d'une voie. —
Jalousie. — Pierre remboursera ce qu'il a
coûté. — Projet d'éducation et d'instruction d'un frère. — Argent dormant dans
un coffre. — Reconnaissance filiale. —
Revenus de la place de médecin militaire.
— Le colonel marquis d'Arcambal.*

Monsieur,

Mon pere me mande que vous voudrez
bien vous charger de la reconnaissance ci
inclus des 600 livres qu'il m'envoye pour mon
équipement ; cette complaisance de votre
part ajoute encore aux obligations multipliées
que je vous ai pour tous les services que
vous m'avez rendu depuis que je suis à

Paris. Recevez, je vous prie, les assurances de ma vive reconnaissance, et soyez persuadé que toute ma vie je m'occuperai à vous donner des preuves de mon attachement et de ma gratitude.

Je ne conçois pas ce qu'entend mon père quand il me dit que j'aurai pu prendre d'autres voyes pour faire mon état. En est-il une plus courte que celle que je vais parcourir ? Si j'avais pris un établissement en province ne lui en auroit-il pas coûté davantage ? Je n'ai que les frais de mon équipage qui a la vérité sont de douze à 15 cents livres mais je vais gagner tout en arrivant au régiment, au lieu qu'un établissement en province auroit pu être fort dispendieux vu l'incertitude de prendre dans l'esprit des habitans du païs. Au surplus, Monsieur, je suis tres sûr que si mon père ne m'envoye pas les 1200 livres que je lui ai demandé que c'est parce qu'il ne le peut absolument pas, et qu'il en a couté beaucoup à sa sensibilité, pour me refuser, j'ai trop de preuves de sa tendresse et de ses bontés pour moi, pour en douter. Il me paraît que mes frères ont de la jalousie ou de l'humeur de ce qu'on a fait pour mon état ; j'en suis surpris je leur croyois autant d'attachement pour moi que j'ai d'amitié pour eux, mais, monsieur, pour les rassurer je me propose, pour éviter toutes espèces de reproches, de leur rendre ce que j'ai coûté à la maison. Ce n'était pas d'abord mon projet, quand j'ai été sur de ma place, car mon envie étoit de me charger de l'éducation de mon frère Antoine, de l'entretenir à Paris jusqu'à ce que son état soit fait, mon but était de le faire étudier la médecine. Mais comme ce plan ne conviendrait peut être pas à mes frères, si mon état fructifie, je pense qu'en moins de 5 à 6 années je pourrais être entièrement liquidé avec eux. J'ai mes comptes bien en règle, je sais, à un denier près, ce que j'ai coûté à la maison depuis mon départ de Boulogne. Quoique parti jeune, et dans l'âge de l'inconséquence, j'ai toujours prévu les difficultés qui pourraient survenir. S'ils sont curieux de le savoir, je leur ferai passer, article par article, avec les dates. D'ailleurs j'ai encore toutes les lettres que vous m'avez écrite, ainsi que celles de mon père. Si je les ai gardées, monsieur, c'est il faut en convenir, moins dans cette crainte que pour le plaisir qu'elles me font. Elles me seront toujours infiniment précieuses, parce qu'elles portent toutes l'empreinte de l'amitié, de l'intérêt et d'une tendresse vraiment paternelle, mais aurai-je du m'attendre que mes frères mettraient des entraves à ce qu'on m'envoye de l'argent quand je les assure que j'en ferai le remboursement dans un an.

Si j'avais eu l'air de vouloir enlever cette somme à la maison, ils auraient raison, sans doute, mais empêcher que mon père me prête douze cents livres, cela est d'autant plus inconcevable qu'il doit être indifférent si il le peut, que je me serve de cet argent ou qu'il dorme dans un coffre. Cette marque de bonté pour moi n'était - elle pas une preuve vivante de ce qu'il ferait pour eux en pareilles circonstances ? plaise à Dieu qu'il ne soit jamais entré dans leur penser que mon père a fait pour moi ce qu'il n'aurait pas fait pour eux ! Cette idée serait un outrage pour lui, il n'est pas capable de cette faiblesse, vous le connaissez, il a trop de mérite pour être susceptible d'une passion aussi basse ! — Il ne faut pas que mes frères aient connaissance des 600 livres qu'il m'envoye ! Sur quel ton faut-il que je lui écrive ? il faut donc paraître n'avoir reçu aucun secours de sa part ? qu'il en coute à mon cœur d'être forcé d'étouffer, dans le silence, les obligations que je lui ai pour ce dernier trait de générosité et de tendresse ! Vous, Monsieur, vous qui êtes mon avocat, mon protecteur, mon second père, persuadez le bien de ma reconnaissance, de ma sensibilité, de mon respect. Je voudrais le voir, ainsi que ma mère, pour les embrasser mil et mil fois et les baigner des larmes qu'il me font verser pour ce dernier service. Quel plaisir j'aurais de serrer dans mes bras ce père tendre et généreux, cette mère sensible et vertueuse, de leur jurer que tous mes pas, toutes mes actions n'auront pour but que leur satisfaction et leur contentement ! Rassurez les sur les intérêts, dittes leur que je payerai tout jusqu'au dernier liard et qu'ils ne jugeront bien de mon cœur et de mes sentiment que quand les circonstances me mettront en état de leur donner des preuves sensibles de ma reconnaissance.

Mon père me charge, Monsieur, de vous faire part des revenus de ma place, je ne le sais pas, ils dépendent de la richesse des officiers, de leur attachement pour moi et de leurs mœurs. J'ai 1200 livres du roi, mais le régiment fait ordinairement un traitement au chirurgien major qui vaut mieux que le fixe. Outre cela ils payent toutes les maladies acquises telles que les vénériennes, les blessures, etc. Mon colonel, M. le marquis d'Arcambal qui m'aime beaucoup, m'assure qu'elle me vaudra au moins mil écus la première année.

Daignez agréer, je vous le repete, les assurances de ma reconnaissance comme une faible marque des obligations que je porterai toute ma vie gravée dans le fond de mon cœur et me croire avec le plus profond respect, Monsieur, votre très humble, et très obéissant serviteur,

P. Coze.

De paris, rue Ste-Margueritte faubourg St-Germain chez M. Joly.
Ce 6 d'avril 1779.

HUITIÈME LETTRE

Souhaits de nouvel an. — Le régiment. — Le chevalier du Plessis, major.— M. d'Arcambal. — Permission de passer l'hiver à Paris. — Deux lettres à Mme la marquise de Clermont-Tonnerre. — De Boulay à Dôle. — Tempête et tremblement de terre. — Santé excellente. — La culture et le vin du pays. — Les habitants de Dôle. — A diner chez un seigneur de la ville. — Mlle et M. Bonningue.

Dole en Franche Comté le 29 décembre 1779.

Mon tres cher père ma tres chère mère

Si vous appreciez mon attachement pour vous, il ne vous sera permis de former aucun doute sur la sincérité des vœux que je forme pour la conservation de vos précieux jours. C'est avec la confiance que donne l'amitié fondé sur la reconnaissance et la sensibilité, que j'ose me flatter que vous daignerez agréer les prières que j'adresse au ciel pour votre bien être commun. Vous m'avez assez donné de marques de vos bontés pour que je puisse me dispenser d'entrer dans de plus longs détails à ce sujet. La seule grace que je vous prie de m'accorder, comme étrennes de votre part, c'est de vous engager à m'écrire plus souvent cet année ci que la dernière.

Je suis toujours avec agrément dans mon corps. Mes chefs me veulles du bien, particulièrement M. le chevalier du plessis, notre major, qui me donne tous les jours des marques de son attachement. Madame de Tonnerre m'a écrit dernièrement pour me mander que M. d'Arcambal lui avoit donné la liberté de me faire passer une partie de mon hiver à Paris. Il m'en a couté beaucoup de ne pas me rendre aux intentions de cette généreuse dame, mais, en considérant mes intérêts, et le peu de tems qu'il y a que je suis au régiment, j'ai cru devoir la refuser voici la lettre que je lui écrivis :

« Madame la marquise,

« Je compterais mes intérêts pour rien si je pouvais quitter mes fonctions au régiment sans m'exposer à la perte de ma place, ou à

de grands désagremens de la part du corps,
voyant que je demande déjà un congé la
première année, ayant d'ailleurs passé un
mois à Paris l'été dernier, je les sacrifierais
avec grand plaisir à l'honneur de vous faire
ma cour, mais le bien que vous me voulez,
Madame la Marquise, m'assure que ce ne
serait pas vous la faire que de risquer la
perte d'un état que vous seule étiez capable
de me procurer à mon âge.

« Les succès que j'ai eu, jusqu'à présent,
me donnent bien une certaine consistance
dans le corps, mais je crois que pour obtenir
de lui les avantages dont vous me parlez,
qu'il est essentiel, pour moi, d'en augmenter
le nombre, s'il est possible : c'est la seule
manière de me consiller tous les suffrages
lorsque M. le marquis d'Arcambal propo-
sera au régiment de me faire un traitement.
Au reste, madame la marquise, je vous prie
d'être persuadé que je suis entièrement à vos
ordres ; comme je n'ai rien à sacrifier qui ne
vous appartienne, vous seule ayant fait
mon état, vous pouvez disposer de moi et, si
vous prévoyez que je puisse vous être de
quelqu'utilité cet hiver, vous n'avez qu'à
parler je me rend sur le champ à vos intentions.

« J'ai l'honneur d'être etc.

Le désinteressement de ma lettre a plu à
Mme de Tonnerre et elle m'a écrit la lettre
la plus flatteuse en m'assurant que ce ne serait pas effectivement lui faire ma cour, que
de m'exposer au moindre désagremens de la
part du corps dans lequel j'ai l'honneur de

servir. J'ai reçu tant de bienfait d'elle que j'en parle avec anthousiasme et que j'ennuie quelquefois ceux qui me mettent sur ce chapitre. Partagez un peu ce désagrement et ayez assez de patience pour lire encore la copie de ma lettre de nouvelle année à Mme de Tonnerre.

« Madame la Marquise,

« Nous sommes partis de Boulay le 25 novembre, et nous sommes arrivés à Dole en Franche Comté, le 10 décembre.

« Le régiment a essuié les tems les plus affreux pendant la route, mais grace à M. le chevalier du Plessis, qui m'honore de ses bontés, et qui se joint à vous, Mme la marquise, pour m'assurer un sort, je ne m'en suis pas senti ; il m'a donné une place dans sa voiture, et a fait mettre mes malles sur les équipages du régiment, pour m'éviter les frais de transport. Pardon, madame la marquise si j'entre dans ces détailes, mais, en vous parlant des services que m'a rendu M. du plessis, je crois vous laisser entrevoir l'envie que j'ai de m'entretenir de ceux dont vous m'avez comblés. Je m'en ferais un vrai plaisir si vous ne m'aviez interdit toutes espèces de louanges, et si votre modestie, votre délicatesse et votre générosité n'étoient au dessus de mes éloges. Je me bornerai donc à faire des vœux pour la conservation de vos jours, et à épier toutes les occasions qui pourroient me mettre apporté de rendre un hommage public à vos vertus.

« Je suis etc. »

Nous sommes à Dole comme je vous l'ai

dit depuis le 10 décembre, nous avons eu le temps le plus affreux, pluie, vent, neige, gréle, tempête, tremblement de terre rien ne manque à notre misère publique et commune.

Quoiqu'il en soit je ne me suis pas ressenti de la route, ma santé est des meilleurs. J'engraisse et suis obligé de faire élargir mes habits.

Dole est une ville trés bien située, les campagnes des environs doivent être charmantes l'été. On y cultive presque [partout] la vigne et très peu de grains. Le vin fait toute la fortune des habitans de ce pays ci. La vie y est plus chère qu'à Boulay, quoique le vin ne vaille que 4 à 5 sous la bouteille. Cette ville est habitée par beaucoup de gens comme il faut. Je n'ai que lieu de me louer de l'accueille qu'on m'a fait. J'ai diné hier chez un seigneur de la ville qui m'a tenu jusqu'à deux heures du matin. J'ai fait le sacrifice de mon sommeil avec grand plaisir à cause de l'occasion que j'ai eu de me faire connaître par une grande quantité de personnes qui étoient à ce diner.

L'heure de la poste me presse, et ma lettre est déjà assez longue pour vous être à charge, c'est pourquoi je m'empresse de finir en vous priant d'être persuadé du profond respect avec lequel j'ai l'honnenr d'être, mon cher père, ma chère mère, votre très humble très obéissant et soumis fils.

Coze.

Permettez que mes frères, sœurs et toute ma famille trouvent ici les assurances de mon attachement et des vœux que je forme pour leur conservation. Veuillez ne pas oublier M. Bonningue et Mlle à qui j'ai tant d'obligations. Si je n'étais pas si loin je lui écrirai mais les ports de lettres sont fort chers.

Suscription :

A Monsieur, Monsieur Hamy, rue des Cuisiniers pour remettre à M. Coze de Beaulieu à Boulogne-sur-mer.

NEUVIÈME LETTRE

Absence de nouvelles. — La santé du père. — A souper tous les soirs chez l'intendant, neveu de M. de Vergennes, premier ministre.

Quel cruel silence, ma chère sœur, j'attends chaque courrier de vos nouvelles, rien ne m'arrive ; j'ai bien appris, par nos étudiants, que mon cher père, commençait à se rétablir, mais je ne sais pas à quoi il en est : rendez-moi le service de m'écrire aussitôt que vous aurez reçu ma lettre. Ils sont bien plus heureux que moi, ils peuvent embrasser toute la famille et tant que nous serons si loin en garnison je n'ai pas l'espoir d'aller vous voir parce que le voyage serait trop dispendieux.

Nous avons ici un intendant et une intendante fort aimables et fort gaies, j'y passe la moitié de mon temps, j'y soupe tous les soirs et on me persécute pour y dîner tous les jours. C'est une connaissance que je veux ménager non pas pour moi mais pour nos étudiants.

L'intendant est neveu de M. de Vergennes, premier ministre, il a beaucoup de crédit et il peut me rendre service pour eux. Adieu, ma chère sœur, je vous embrasse ainsi que toute la famille. Mes sincères et respectueux attachements à mon cher père et ma chère mère. Bonjour. Je me porte assez bien depuis quelque temps.

Coze.

Auch le 16 août.

DIXIÈME LETTRE

Félicitation. — Santé du père et de la mère. Air pur et sec de Landrethun, Beaulieu humide et marécageux. — Promenade à cheval. — Lettre des frères étudiants à Paris. — Les abbés de Rochebrune et de Beaulieu. — Mémoire à la Société royale de médecine. — Pas plus froid qu'au printemps dans le Boulonnais. — Les gardes de Beaulieu.— Le curé de Ferques.— Coze de la Cressonnière. — M. Sannier. — Un cheval.— La fièvre d'accès du père. — Une lettre.

A Auch ce 26 décembre 1782.

Vous avez bien tort, ma chère sœur, de dire que vous ne savez pas vous expliquer par écrit, votre coup d'essai est un coup de mettre, et je vous engage à m'écrire souvent. Vous m'avez fort tranquillisé sur le compte de mon cher père et de ma chère mère. Je vous remercie de l'offre que vous me faites de me faire l'histoire de leur maladie depuis le commencement, il me suffit de savoir qu'ils sont mieux et c'était le plus grand plaisir que vous puissiez me faire, mais à celui-là, je vous prie d'en ajouter un autre, celui de continuer à me donner de leurs nouvelles aussi souvent que votre temps vous le permettra. Je pense qu'ils feraient très bien de changer d'air. Landrethun est plus sec, l'air y est plus pur et s'ils allaient s'y établir ils pourraient en retirer de l'avantage pour leur santé, surtout mon cher père qui est enflé. L'air humide et marécageux de Beaulieu ne peut que lui être nuisible. Engagez les à s'y établir et je crois qu'ils en retireront de l'avantage. De petites promenades à cheval quand le temps est doux pourraient aussi lui faire du bien. Enfin il leur faut beaucoup de dissipation.

Recevez, ma chère sœur, les vœux que [je] forme pour la prospérité et le bonheur de toute la famille. Rendez-moi le service de tout embrasser de ma part, en les assurant de mon sincère et vif attachement. J'ai reçu, ces jours derniers, une lettre de nos étudiants qui me paraissent fort contens à Paris. Je compte assez sur leur cœur honnête pour être persuadé que nous aurons le bonheur de les voir réussir. Prêtons nous y tous, ce sont deux aimables enfants qui le méritent bien. Nous aurons, ma chère sœur, en les obligeant la satisfaction de faire le bien et l'agrément de les voir prospérer. Je leur ai donné une connaissance à Paris c'est celle de M. l'abbé de Rochebrune, ami de l'abbé de Beaulieu. Il a eu la bonté de me protéger et je ne doute pas qu'il fasse quelque chose pour eux, s'il le peut. Le pauvre Antoine me priait d'intercéder auprès de madame de Tonnerre pour leur faire avoir des Bourses, mais il faudrait que je fusse à Paris pour les solliciter, sans cela il est inutile d'en parler. Si M. de Rochebrune est à Paris et qu'il les accueille, je lui écrirai pour le remercier, et, en même tems, pour le prier de leur en faire avoir, et je ne doute pas qu'il s'y prête de bonne grâce ; c'est l'homme le plus honnête et le plus obligeant que j'ai jamais connu. Lorsqu'on écrira à M. l'abbé de Beaulieu on pourra lui demander des protections pour eux à Paris, c'est lui qui m'avait donné celle de M. de Rochebrune. Je ne vous parle pas aujourd'huy du païs que j'habite, je suis chargé de lettres à écrire, mais dans la première je vous donnerai quelques détails qui pourront vous intéresser.

J'ai travaillé comme un forçat depuis que je suis à Auch à un mémoire de médecine qui est enfin fini, et que j'ai envoyé hier à la Société royale de médecine. J'en ai encore deux à faire, mais je veux me reposer quelques jours. On ne saurait croire combien le travail de tête est fatiguant et pénible. Quoiqu'il en soit je travaillais six heures par jour et je me porte à merveille, et pour peu que je continue je ne saurai que faire de ma graisse. Quelle différence de l'année dernière !... Il ne fait pas plus froid ici que dans le printemps en Boulonnais ; il n'y a presque pas d'hyver dans ce païs-ci. Bonsoir ma chère sœur, mes respects à toute la famille, donnez-moi des nouvelles du bois et mandez-moi si les gardes sont un peu plus vigilents que l'année dernière ; mes compliments à M. l'abbé de Beaulieu, pour le curé de Ferques ne lui parlez pas de moi, je n'aime pas les bêtes mauvaises. Mille fois pour toutes si je l'oublie à l'avenir faites-moi le plaisir de me rappeler au souvenir de tous nos parents. Adieu ma bonne amie, je vous embrasse et vous prie d'embrasser toute la famille de ma part je suis pour la vie,

Votre frère,

Coze de la Cressonnière.

Vous voyez que je profite du grand nom qu'on m'a permis de prendre et si on le trouve bon je continuerai, faites-moi vos réflexions à ce sujet.

Si ça ne fatigue pas notre cher père priez-le de m'écrire un mot au bas de votre lettre. Faites-moi le plaisir de me dire qu'elles sont les raisons qui ont fait engager M. Sannier. Dites à mon cher père que j'ai encore mon cheval mais que je me propose de le vendre dans quelque tems. Le mal de tête de mon cher père arrive sûrement aux heures qu'il avait la fièvre, rassurez-le là-dessus, il n'y a rien d'inquiétant, cela arrive à beaucoup de personnes après les fièvres d'accès. Ma lettre était fermée quand j'ai reçu la vôtre ce matin et je la rouvre pour y ajouter ce supplément. Bonjour ma chère sœur je vous embrasse.

Ce 28 décembre 1782.

ONZIÈME LETTRE

*Rétablissement d'un frère. — Famille unie,
campagne fertile, bonheur des champs. —
Jours agréables à Beaulieu. — L'air natal.
— Huit mois de convalescence.*

Du 17 décembre 1783.

Salut, mon bon ami. J'attendais avec impatience l'heure du courrier car il y avait bien longtemps que je n'avais reçu de tes nouvelles. Tu m'as fait grand plaisir en m'apprenant le rétablissement d'Hubert et la bonne santé de toute la famille. Que tu es heureux d'être dans son sein!! Dis-moi, mon ami, qu'est-ce que les beautés de Paris en comparaison de ce spectacle touchant d'une famille unie, et d'une campagne fertillisée par ses mains et ses soins vigilents !! plus je vais et plus je me convaincs que le vrai bonheur fuit les lambris dorés et le faste des grands pour se réfugier sous un toit couvert de chaume. Oui, mon ami, c'est là que l'heureux agricolte, dans sa couche modeste et dure, goûte les pavots d'un sommeil tranquille et paisible, tandis que le citadin, agité par ses passions tumultueuses, et rongé par l'ambition et la jalousie, peut à peine s'endormir sur des coussins du duvet le plus fin.

Convenons-en, avons-nous jamais passé des jours plus agréables et plus courts qu'à Beaulieu. Non il n'est pas d'air plus suave à respirer que celui que respirent les soutiens et les protecteurs de notre enfance. Te rappellerai-je mon ami, les huit mois que j'ai passé, il y a quatre ans, dans le sein de ce que j'ai de plus cher au monde : Hélas ! quoique tous les instants en fussent marqués par la souffrance je les trouvai si courts qu'il me semblât que le terme de mon départ touchât celui de mon arrivée. Continuons donc de nous aimer, ayons toujours l'amour du bien et la vertu modeste pour guide de nos actions, et le ciel secondera nos efforts bénira nos travaux : ne cherchons point à imiter d'autres modèles que ceux de qui nous avons reçu le jour, trop heureux si nous pouvons atteindre au degré où ils sont parvenus.

Adieu, mon bon ami, embrasse toute la famille pour moi et sois mon interprète auprès de tous ; le régiment doit partir d'Auch le mois prochain, mais je ne sais pas encore où il ira.

Réponds moi de suite.

Bonjour, je t'aime et je t'embrasse de tout mon cœur.

Coze de la Cressonnière.

DOUZIÈME LETTRE

Voyage au pays Basque. — Révolte au pays de Labour. — Voyage par la neige. — Chambre sans feu ni vitre. — Fatigue facteur de santé. — Montre donnée et montre reçue. — Dieu juste. — Bruit de guerre.— Vente et achat d'un cheval. — Changement de nom et augmentation du régiment.

J'ai reçu votre lettre mon cher frère à l'extrémité du royaume, dans le païs de

basque où nous étions dettachés au nombre
de 250 hommes du régiment pour calmer
une révolte dans le Païs de Labour. Nous
partîmes d'Auch le 25 octobre et nous
sommes de retour depuis deux jours. Vous
jugez que nous avons eu de bien mauvais
tems pour nous en revenir. Il gèle très fort
depuis près de quinze jours et quoique nos
chevaux fussent ferés à glace ils avaient
beaucoup de peines à se tenir. La neige
surtout nous a fort incommodé ; outre qu'il
est désagréable de la recevoir cinq à six
heures d'horloge, elle nous exposait à nous
casser le cou à chaque moment, parce que
nos chevaux pelottaient. Quoiqu'il en soit, à
présent nous rions de notre misère au coin
de notre feu. Le mal passé est bientôt
oublié ; c'est un bonheur attaché à l'espèce
humaine, un moment de bien-être fait oublier le mal-être et à présent que j'ai bien
chaud je me souviens à peine que j'ai passé
six semaines dans un mauvais village, logé
chez d'honnêtes gens qui n'entendaient pas
le français, et dans une chambre sans vitres
et sans cheminée. Dans le moment cela me
paraissait fort dur. Si j'étais resté simple
paysan obligé par état à rester exposé aux
injures du tems j'en aurais beaucoup moins
souffert, parce que, durci par la fatigue et
les intempéries de l'air, je me serais trouvé
trop heureux de trouver du feu dans la cui-
sine et de me chauffer une demi-heure avant
de me coucher, mais, nous autres, bourgeois,
nous souffrons dès qu'on nous sort d'une
chambre bien close et bien échauffée par
un grand feu : nous multiplions nos besoins

et nos misères par nos commodités ; nous souffrons de ce qui vous soulage et cela est si vrai que le repos nous tue et qu'il vous délasse de vos fatigues. Nous nous promenons pour nous délasser de notre engourdissement, vous vous reposez pour vous rafraîchir.

J'ai pensé mille fois dans ma vie que le travail est plus salutaire que nuisible à la santé et je ne doute pas un seul instant que la mienne eut été infiniment meilleure si je fus resté dans mon premier état. Cette opinion est fondée non seulement sur la raison mais encore sur l'expérience. Toutes les fois que j'ai agis, que j'ai eus des fatigues à rapporter je me suis bien porté et, qui plus est, rétabli si j'étais malade. Un voyage de deux cents lieues en Suisse m'a guéri de douleurs de poitrine et d'un crachement de sang violent. Mon voyage de Beaulieu à Dôle m'a débarrassé d'une maladie assomante et qui m'était d'autant plus pénible que j'étais dans le sein de la famille qui m'aime et que je chéris. Le printemps dernier las de languir d'une fièvre qui me minait je fus aux eaux de Bagnières, et la route seule m'a fait plus de bien que les eaux. Je viens de faire cent lieues tant pour aller que pour revenir de chez les Basques, j'ai essuyé les plus mauvais tems, resté journellement 5, 6 et 7 heures à cheval par la pluyé et la neige et de ma vie je ne me suis aussi bien porté et ne me suis vu autant d'ambonpoint.

J'en reviens donc mon cher frère à ma première conséquence c'est que le repos

l'oisiveté et l'indolence sont aussi *contraires*
à l'homme que l'activité, le travail et même
la fatigue lui sont utiles et nécessaires pour
se bien porter. Ma seconde conséquence est
que le paysan éprouve des fatigues mais
qu'il jouit de plus de santé : que le bourgeois jouit du repos mais qu'il éprouve une
foule de maladies inconnues dans les campagnes. Jugez d'après cela quels sont les
plus heureux ! mais les choses devaient être
ainsi : l'être suprême est trop juste pour
avoir mis tout le bien d'un côté et sa sagesse
infinie a su compenser les biens et les maux.

Mille témoignages respectueux à toute la
famille, offrez-lui les vœux sincères que je
fais pour sa conservation et sa prospérité.
J'ai reçu des nouvelles de nos abbés qui se
portent bien. Antoine m'a mandé qu'il vous
avait donné sa montre, pour l'en punir je
lui en donnerai à la première occasion une
d'or. Je suis fort aise qu'elle vous ai fait
plaisir. Il y a longtemps que je pense à la
satisfaction que j'aurais de vous en offrir
chacun une, mais mes moyens ne me l'ont
pas encore permis. Aussitôt que je le pourrai
j'en ferai passer à ceux de mes frères qui
n'en ont pas.

Il est fort question de guerre avec l'Em-
pereur, ces bruits nous feront peut-être
changer au printems, et si c'était pour me
rapprocher j'en serai bien aise, mais je crains
bien que nous allassions en Lorraine ou en
Alsace, ce qui me tiendrait toujours à 100
ou 130 lieues du païs.

Je n'ai plus mon joli petit cheval bay, je
l'ai vendu à Bagnières 22 louis et j'en ai

acheté un gris, âgé de trois ans, qui donne les plus grandes espérances pour la suitte. Adieu, mon cher frère, portez-vous bien ainsi que toute la famille, c'est le vœu le plus cher à mon cœur.

COZE.

Auch, ce 27 décembre 1784.

Le régiment a changé de nom en recevant une augmentation d'un bataillon d'infanterie composé de 400 hommes. Ainsi vous m'adresserez vos lettres sous celui de chirurgien-major du régiment de chasseurs des Ardennes.

TREIZIÈME LETTRE

Manque de nouvelles. — Une calomnie. — Les foins rentrés. — Impression d'un ouvrage. — Grands éloges. — Recherches et découvertes intéressantes. — Plaisir du travail. — Départ probable pour Carcassonne en Languedoc.

Il y a bien longtems, mon très cher père, que je n'ai pas eu de vos nouvelles et j'en serais inquiet si nos abbés ne m'en donnaient quelquefois. Ils m'ont fait part d'une calomnie atroce qu'on a écrite à M. l'abbé de Beaulieu sur votre compte et ils m'engageaient de lui écrire à ce sujet. Je né pas crus devoir le faire par ce qu'il m'aurait fallu pouvoir lui donner des détails sur les réparations qui ont été faites et en constater la nécessité. Je crois qu'il n'y a que M. Paulle qui puisse détruire la mauvaise impression qu'on a voulu lui donner sur votre compte, et peut-être feriez-vous bien de prendre des procès-verbaux des ouvriers que vous avez employés dans les réparations, et de vos principaux voisins qui en ont eu connaissance et à l'avenir vous feriez bien de ne rien faire sans y être autorisé par écrit par l'agent de M. l'abbé de Mons, et ce serait le moyen sûr de briser les lances des calomniateurs.

Si le printems vous a aussi bien servi que dans ce païs-ci, vous devez avoir les plus belles apparences d'une récolte abondante. Ici les bleds sont déjà défleuris et sans doute que chez vous ils ne sont pas encore en épis. On coupe les foins et il y en a déjà de rentré, nous avons des chaleurs considérables depuis quinze jours.

On vient d'imprimer un de mes ouvrages dans le journal de médecine militaire et je m'empresse, mon très cher père, de vous en faire part et de vous prier d'être persuadé qu'il est l'effet de l'extrême envie que j'ai toujours eu de me faire une réputation, pour vous prouver que j'étais digne des bontés que vous avez eu pour moi.

L'auteur du journal en fait les plus grands éloges et il a la bonté de le citer comme un modèle à imiter et de le croire digne d'être consulté par les médecins et chirurgiens. J'avoue que c'est très flatteur pour moi, et surtout à mon âge, de débuter aux yeux des savants avec de pareilles notes et un tel succès et j'espère que vous partagerez avec toute la famille ma satisfaction. J'ai reçu beaucoup de compliments sur ce mémoire de tout le régiment, et des chefs en particulier. Je viens de faire des recherches de médecine qui m'ont mené à des découvertes fort intéressantes, et quand mon ouvrage sera fini je l'adresserai au ministère de la guerre pour qu'il soit également imprimé dans le journal de médecine militaire. Je me livre avec d'autant plus de plaisir au travail que ma santé n'en est nullement fatiguée et que les amusemens futiles des sociétés ne laissent que du vide dans la tête, au lieu qu'un travail modéré et soutenu accroît la somme des connaissances ce qui fait qu'on trouve des ressources en soi-même : et quand on sait en faire usage, elles tournent au profit de l'humanité en général.

On parle beaucoup de notre départ mais je crains bien qu'il ne me rapproche pas de vous : on dit que nous irons à Carcassonne en Languedoc.

Recevez mon très cher père ainsi que ma chère mère les assurances de mon profond respect et de l'attachement avec lequel je suis

Votre très humble et très obéissant serviteur et soumis fils.

Coze.

Suscription :

A Monsieur, Monsieur Le Porcq, marchand, pour remettre à M. Coze de Beaulieu ..... à Marquise (en Boulonnais).

QUATORZIÈME LETTRE

*Oubli. — La récolte. — Désir d'aller dans le
Nord. — Un Diable retient en Gascogne.—
Bruit de départ pour Tournon en Vivarais.
— Projet de travail l'hiver. — Ouvrage de
longue haleine. — Nouveau mémoire. —
Recherches et expériences utiles. — L'abbé
de Beaulieu doit être bien vieux. — Beaulieu. — Landrethun. — Réty. — Piquer
des warrats.*

Mon très cher Père,

Je croyais bien avoir répondu à votre
lettre mais Antoine m'assure qu'il n'en est
rien : il faut que cela soit. Apparemment
que j'étais fort occupé quand je l'ai reçue et
il m'arrive quelquefois d'oublier quand je ne
réponds pas sur le champ. J'espère que
vous me pardonnerez cette faute en faveur
de mon exactitude future, et je ferai en sorte
de ne plus avoir de tels reproches à me
faire.

S'il a fait le même tems chez vous qu'ici
vous devez avoir fait une récolte bien saine
car le mois d'août a été bien chaud ainsi
que septembre jusqu'à présent. Il est vrai
que quand on est à plus de deux cents
lieues de distance on ne peut compter sur la
même température. Le soleil nous grille ici
quand le froid vous ronge en Boulonnais.
Quoiqu'il en soit de cette différence je voudrais bien être dans les provinces du Nord,
cela me rapprocherait, j'espérerais pouvoir
aller passer quelque tems auprès de vous et
rien ici ne peut me dédommager de ce

plaisir ni m'en faire oublier l'extrême envie.
Mais je crois que quelque puissance, un
Diable, nous tient enchaînés en Gascogne ;
nous ne croyons pas encore en sortir cette
année, ou pour mieux dire nous ne l'espé-
rons guère et si nous en sortons on croit que
ce sera pour aller à Tournon en Vivarais, ce
qui ne me rapprocherait pas beaucoup. Si
nous restons à Auch mon projet est de ne
pas quitter le régiment de cet hiver et de le
passer en grande partie au coin du feu à
travailler. J'ai un ouvrage d'assez longue
haleine à faire cela m'empêchera de m'en-
nuyer et le temps passera plus vite : il n'est
jamais long quand on s'occupe. Je viens de
finir un mémoire qui contient des recherches
et des expériences utiles, les savants qui l'ont
vu m'en ont fait l'éloge et ils me persé-
cutent pour le faire imprimer ou pour l'envoyer au journal de médecine militaire.
Mais je veux le revoir dans quelque temps
pour le recorriger et y ajouter quelques nouvelles observations et réflexions que j'ai
faites depuis, en sorte que je ne le livrerai
au public que vers la fin de l'automne.

Faites-moi le plaisir, mon très cher père,
de me mander à quoi vous en êtes avec
M. l'abbé de Beaulieu, et s'il est enfin désa-
busé et si vous avez contracté de nouveaux
engagements, un nouveau bail.

Il doit être bien vieux à présent et s'il venait à mourir son successeur est-il obligé de
tenir ses engagemens ?

La ferme de Lendrethun vaut-elle quelque
chose ? Je ne sais pas pourquoi j'en ai toujours eu une mauvaise opinion et cela à

cause du défaut de pature, car je crois que le plus grand profit qu'on puisse faire c'est sur les bestiaux. Quand à celle de Réty dont j'ai oublié le nom dans ce moment, je ne sais pas ce qu'elle peut valoir, mais à cause de ses foins et du moulin elle doit être meilleure. Au reste je vous avoue que je n'entends pas grand chose à tout cela et que je suis devenu bien bourgeois. Je crois que l'ami Antoine ne l'est pas moins que moi. Mais vous devriez lui faire piquer un peu de waras pour lui dégourdir les bras, cela lui ferait du bien car je me rappelle que je ne me suis jamais mieux porté que quand je travaillais aux moissons. Pour Hubert je suis bien sur qu'il a toujours conservé son goût pour les occupations rurales et qu'il est le premier au travail.

Mille témoignages d'attachement et d'amitié à toute la famille. Mes respectueux hommages à ma cher mère. Recommandez-lui de se bien ménager ainsi que vous. Un père et une mère son le lien d'une famille et ils doivent conserver leurs jours en se ménageant pour le bonheur et la félicité de leurs enfants. Vous avez un intérêt d'autant plus grand l'un et l'autre que je ne sache pas qu'il y ait personne dans le monde plus respecté ni plus aimé que vous, soyez-en persuadé comme des sentiments de respect et d'attachement avec lesquels j'ai l'honneur d'être

Mon très cher père,

Votre très humble, très obéissant et soumis fils.

CozE.

Ce 16 septembre 1786.

Dites aux étudiants de m'écrire souvent et de me donner beaucoup de détails.

Suscription :

A Monsieur, Monsieur Le Porcq, marchand, pour remettre à M. Coze de Beaulieu, à Marquise (en Boulonnais).

QUINZIÈME LETTRE

Le style épistolaire. — Le siroco. — Les femmes de Milet. — Vie et mort. — Sylla. — Les passions. — Le travail, la méditation. — Voyage dans le comté de Foix et les Pyrénées. — Une montre. — Deux cents livres. — Catherine. — Son mari.

Si l'amitié est bavarde elle est indulgente : prépare-toi à lire une longue lettre, mon cher ami, car mon projet est de m'entretenir longtemps avec toi, et cela parce que je n'ai rien de particulier à te dire. Je vais donc laisser errer ma plume au gré de mes pensées, et te les envoyer dans l'ordre qu'elles se présentent. Une lettre n'est point un écrit didactique, qui doive nous asservir à une marche réglée, c'est au contraire une conversation écrite en stile serré où les idées doivent être exprimées nettement avec précision et clareté pour éviter de tomber dans les longueurs que ne comportent pas le stile épistolaire.

C'est l'usage quand on n'est préparé sur aucun sujet de parlé de la pluie et du beau tems. Eh ! bien, mon ami, nous éprouvons ici depuis huit jours un vent marin que les

Siciliens et les Napolitains appellent *Ciroco*
qui est bien assommant. Ce vent humide et
chaud jette dans la stupeur et l'inertie. Pour
te donner une idée nette de ses effets je vais
te copier un morceau de la topographie de
Gascogne que j'ai faite l'hiver dernier :

« Son souffle humide, ai-je dit, porte le
« trouble dans les esprits et les corps ani-
« més. La tête devient lourde, les membres
« s'appaisantissent ; les fluides et les solides
« se relachent ; les jambes enflent, et les
« hommes et les animaux tombent dans un
« engourdissement et dans une apathie
« invincible. Le chien devient insensible
« aux caresses de son maître, le bœuf à
« l'aiguillon du laboureur, le cheval à
« l'éperon du cavalier ; la faucille échappe
« des mains du moissonneur, l'auteur quitte
« sa plume et l'amant sa maîtresse. »

Ainsi le vent que nous éprouvons dans ce
païs-ci porte à l'indifférence et au découra-
gement.

Plutarque rapporte dans son traité des
vertus des femmes qu'à Milet, ville de Corée,
il y eut dans l'air une telle influence que
toutes les filles se tuaient sans acune cause.
Ce vent portait donc au désespoir, et au
mépris de la vie. Ainsi, mon ami, nous trouvons quelquefois la destruction dans les ins-
trumens mêmes de notre existence ; sans
l'air nous ne pouvous exister et l'air modifié
par les influences des autres éléments éteint
en nous le principe de la vitalité. Passons à
quelques réflexions philosophiques : il est
dans les décrets de la nature que tout ce
qui a eu un commencement doit avoir une

fin, et cela est vrai au moral comme au physique, nous ne devons donc pas tant nous tourmenter pour une frêle machine qu'un souffle d'Austrinus ou de Borée vient détruire dans un instant. Puisque tout ce qui commence doit finir la mort est en nous dès le premier instant de notre existence elle circule dans nos veines, et mourir, qui est aussi naturel que de naître n'est qu'un mode de la matière animée, la dernier action de la vitalité.

Ces réflexions devraient bien nous guérir de la folie des richesses, de l'ambition et de toutes ces passions tumultueuses qui obsèdent notre âme et qui nous font passer la vie dans les convulsions de l'amour propre et dans l'élévation. Cela est si vrai que l'âme se blâse par les jouissances honnêtes ou deshonnêtes, comme le corps s'use par des travaux forcés ; il n'y a donc que la vie paisible et des occupations modérées qui puissent conduire au bonheur après lequel tous les hommes soupirent mais que peu atteignent, parce qu'au lieu de s'y arrêter ils le franchissent ; c'est ce qui est arrivé à Sylla. Bourrelé par son ambition il parvint à force d'intrigues à la dictature, il y savoura tous les genres de jouissance, il y commit tous les crimes, il éprouva la société et il ne vit plus de plaisir que dans la retraite et dans une vie obscure. Que n'avait-il commencé par où il a fini ? Ainsi donc, mon ami, des goûts simples, des mœurs douces, la médiocrité, l'éloignement des grandes places et du grand monde, des occupations continuelles peuvent seules conduire au bonheur. Mais les *affections* de l'âme et en général toutes nos *passions* sont encore des ennemis tyranniques qui viennent nous attaquer au fond de la retraite la plus obscure. Il est des moyens, sinon de s'en garantir, au moins d'en modérer les effets ; et pour cela qu'on apprenne de bonne heure à ne former que des idées exactes, à ne sentir qu'autant qu'il convient, à ne vouloir qu'autant qu'il faut ; et pour y parvenir qu'on s'habitue à n'attribuer à chaque chose que la valeur qui lui est due ; à se mettre ainsi que les choses qui nous environnent et les rapports qui nous lient à toutes ces choses à la place et dans les proportions convenables.

Alors, mon ami, l'*esprit* éclaire l'*âme*, la *connaissance* modère le *sentiment*, le *jugement* dirige la *volonté* et le *cœur* est réglé par la *raison*.

Suivons ce développement : on a dit, et c'est passé en proverbe que l'oisiveté était la mère des vices : cela peut être vrai à bien des égards. Cependant tous les hommes vicieux ne sont pas oisifs, et tous les oisifs ne sont pas vicieux. Ce qui serait plus exact, c'est que l'oisiveté est la mère des *passions*, comme on peut s'en convaincre et par l'expérience et par la définition. *Les passions de l'âme sont des actes répétés du même objet, agréable ou désagréable.* Or l'homme occupé de ses devoirs ou de méditation leur donne peu de prise sur lui. Je suis un exemple de ce que je t'avance, à mesure que j'ai pris plus de goût pour l'étude et pour la réflexion mes passions se sont éteintes, il m'en reste une que je caresse : c'est l'amitié que j'ai pour toi et pour toute la famille. Veuille être mon interprètre auprès de tous et les assure de mon inviolable attachement. Mille respects à mon cher père et à ma chère mère et autant d'amitié à mes frères et sœurs. Je pars demain pour huit à dix jours, pour un voyage dans le comté de Foix et dans les Pyrénées. Je te rendrai compte des choses intéressantes que j'y verrai. Dis à Hubert de me mander s'il a reçu sa montre et si elle lui agrée. Nous philosophons en promenade chaque jour le major et moi. Adieu, mon cher Parisien. Je serais, quoique tu en dises, plus propre aux ouvrages de la moisson que toi. J'ai, dans mon tems, piqué des *waras*, qui avaient au moins dix pieds de long. Je t'embrasse de tout mon cœur et t'engage à me répondre tout de suittes. Je n'ai point eu de réponse de ton procureur du séminaire à qui j'ai fait passer 200 livres aussitôt ta lettre reçue mais je saurai bientôt par le banquier s'il s'est présenté pour être payé.

Coze.

Carcassonne, ce 7 Octobre 1787.

Des nouvelles de Catherine et mande-moi si elle est contente de son nouvel état. Dis-lui bien des choses de ma part ainsi qu'à son mari dont j'ignore le nom.

SEIZIÈME LETTRE

Défaut et demande de nouvelles.— Le climat de l'Alsace. — Beaucoup de malades. — Crainte de l'être. — Les bêtes asines et bovines. — Charbon et fièvre catarrhale. — Bonne récolte. — M. et Mme Caroux.

Il y a bien longtems mon cher ami que je désire et que je ne reçois pas des nouvelles de qui que ce soit de la maison. Je comptais sur chaque courrier mais enfin la patience m'échappe et je ne puis résister plus longtems à l'inquiétude que ce retard me cause. Fais-moi le plaisir de m'en donner et de me faire part de la santé de toute la famille ; je suis extrêmement occupé ; le climat de l'Alsace ne nous est pas favorable et j'ai beaucoup de malades : je cours toute la journée et j'ai cru il y a quelques jours que je serais pris moi-même, mais heureusement j'en ai été quitte pour quatre jours de diète et de ménagement. Outre les hommes, les bêtes asines et bovines sont malades. Le charbon et la fièvre catharale font mourir beaucoup de vaches. Comme le mal n'est point une exclusion du bien les récoltes sont superbes et comblent les désirs des cultivateurs. Je souhaite bien qu'il en soit de même en Boulonnais et j'espère que tu m'en instruira. Ambrasse bien toute la famille pour moi et dis à tous combien je leur suis attaché et combien je les aime. Mille tendres respects à mon cher père et à ma chère mère. N'oublie pas madame Caroux et son mari quand tu les verras.

Adieu mon ami je t'embrasse de tout mon cœur ainsi qu'Hubert qui est paresseux comme toi.

Coze.

Ce 4 août 1788, à Schelestat.

DIX-SEPTIÈME LETTRE

Une lettre de… change.— Tranquillité dans le Pas-de-Calais. — Journée du 10 août. — Le roi de Prusse.

Le Lieu le 6 octobre 1792.

Le 1er de la république.

J'attends chaque courier de vos nouvelles mon cher frère et c'est en vain. Cependant il s'est passé bien des événements depuis que j'ai reçu votre dernière. Faites-moi le plaisir de me dire si vous jouissez toujours de cette heureuse tranquilité qui a distingué votre département depuis le commencement de la révolution. Je crois que nous pouvons vivre avec sécurité sur l'avenir, la convention nationale veut le bien et l'effectuera. Point de doute que la Cour nous auroit fait égorger si elle avoit eu le dessus dans l'infâme et trop célèbre journée du 10 août. Nous sommes trop heureux d'être débarassé de la Royauté et de tous les scélérats qui en faisoient ce qu'on appeloit la splendeur. Tous nos ennemis intérieurs sont déjoué, ils n'on plus de point de railliement et nous viendrons à bout de nous défaire de nos ennemis extérieurs. Vivons encore quelques années et nous jouirons des bénéfices d'un gouvernement libre.

On nous apprend par la même que le Roy de Prusse est déjà plus que las de nous faire la guerre et tout nous porte à croire que bientôt il quittera la terre de la liberté pour aller garder son troupeau d'esclaves.

On remarquera que cette lettre n'est pas signée et qu'elle est tout à fait en opposition avec les sentiments et le caractère de P. Coze. Elle a dû être écrite pour détourner les soupçons et la suspicion dont la famille Coze et peut-être l'auteur de la lettre étaient l'objet, en un mot pour donner le change.

DIX-HUITIÈME LETTRE

Une lettre vraiment chargée

Liberté   Egalité

Je te prie, citoyen, aussitôt ma lettre reçue d'envoyer un expres à mon frère pour le prévenir que tu as une lettre chargée à son adresse, venant de *commune affranchie,* qu'il est important qu'il retire sur le champ vu qu'elle contient des assignats qui doivent être employés avant le 1er janvier (vieux style). Je te fais cette prière avec confiance et dans la persuasion où je suis qu'un républicain se fera un plaisir d'en obliger un autre. Salut fraternité.

P. COZE,

Médecin de l'hôpital militaire de Commune Affranchie.

A Commune affranchie le 1er nivose l'an 2 de la Republique une et indivisible.

Suscription :

*Au citoyen Directeur de la Poste aux lettres
de Marquise, District de Boulogne-sur-
mer, à Marquise. Dépt du Pas-de-Calais.*

DIX-NEUVIÈME LETTRE

*Envoi de procuration. — Il faut assurer
une existence indépendante à sa mère. —
Première maison.*

Strasbourg le 29 ventôse

4ᵉ année républicaine

Je vous adresse, mon cher frère la procuration que vous m'avez demandée par votre
dernière lettre. Je vous charge, ainsi que
mon frère Louis-Marie de faire pour moi
tout ce qui [est] relatif à la succession etc.
J'ai pensé que cela valait mieux que de
charger un étranger de me représenter. Je
vous prie de me mettre au courant des
affaires de la famille à mesure que vous les
réglerez. Mais surtout assurez à ma chère
mère une existence qui la rende indépendante, j'embrasse toute la famille.

Salut et amitié pour la vie.

P. COZE.

Ils sont, dites-vous, dans leur première
maison : je n'entends pas ce que cela veut
dire, vu ce que vous m'avez marqué dans
vos précédentes lettres. Faites leur passer
les assurances de mon attachement.

———

VINGTIÈME LETTRE

De véritables lettres de change..., et non pour le donner. — M. Michaud. — Deux mots de Rosier, âgé de neuf ans.

Strasbourg ce 10 ventôse XIII.

Vous m'avez fait demander par mon frère Antoine une quittance détaillée des sommes que vous m'avez adressées en trois lettres de change par M. L. Michaud, de Calais, pour à compte de ce qui me revient de l'héritage de feu mon père.

Suit un détail de sommes s'élevant à 1254 livres dont il est donné quittance, etc...

Recevez l'assurance de mon véritable attachement. Je vous embrasse ainsi que ma femme et mes enfants.

P. Coze.

Mille choses à toute la famille.
J'embrasse ma tante et mes cousins,

Rozier Coze âgé de 9 ans.

Suscription :
A Madame veuve Coze à Beaulieu. Poste restante à Marquise. Dépt du Pas-de-Calais.

VINGT ET UNIÈME LETTRE

Envoi de fonds. — M. Michaud. — M. Butor, médecin à Boulogne. — Drolet réformé.

A Strasbourg le 28 avril 1807.

Le professeur de l'Ecole de médecine de Strasbourg président le Jury médical du département du Bas Rhin.

A mon neveu

Je ne sais pas mon cher neveu ce que vous avez remis à M. Michaud...

Dans tous les cas cela ne compléterait pas 2000 livres comme vous pensez... Je vous ai fait un accusé de réception de 1254 livres...

A l'avenir priez M. Butor, médecin à Boulogne, de se charger de l'argent que vous aurez à me faire passer. Je le préviendrai à ce sujet...

Adieu mon cher neveu. Mille tendres amitiés à votre maman et à toute la famille. Drolet réformé doit être actuellement chez lui.

Je vous embrasse de tout mon cœur.

P. Coze.

Suit un reçu de somme portant les versements à 2402 livres.

Suscription :

A Monsieur L. Coze, propriétaire agriculteur à Beaulieu. Poste restante à Marquise. Dépt du Pas-de-Calais.

VINGT-DEUXIÈME LETTRE

*Mère âgée, sans infirmité majeure : faveur
du ciel. — Récompense de dévouement ma-
ternel. — M. Butor. — Les affaires. —
Les frères Hubert et Antoine.— Des greffes.*

Strasbourg ce 11 janvier 1810.

Mon cher neveu,

J'ai reçu en son temps votre lettre datée
du 17 novembre et c'est avec bien du plaisir
que j'ai appris que toute votre famille se
porte bien. C'est vraiment une faveur parti-
culière du ciel de vous avoir conservé votre
mère aussi respectable pendant d'aussi longues années sans infirmités majeures. Elle
méritait bien cette récompense pour tous les
soins qu'elle a pris de sa nombreuse famille. Je vous prie, mon cher Louis, de
l'embrasser pour moi en lui présentant mon
hommage respectueux.

Quant à nos affaires je trouve vos comptes
très justes et vous me redevez d'après l'inventaire 2.055 liv. 14 s. 8 d. pour somme
capitale.

Vous remettrez donc cette somme à
M. Butor, médecin à Boulogne qui voudra
bien me la faire passer. Je le préviendrai à
temps convenable.

Vous n'avez pas répondu à un article de
ma lettre...— Savoir quels sont les arran-
gements qui ont été faits lors de la cession
de la ferme de Beaulieu à feu mon frère
J. L. et à François. Quels qu'ils soient. ·
faut que j'en ai connaissance comme fils et

héritier de feu mon père. J'aime à croire que c'est un oubli de votre part car s'il en était autrement vous m'obligeriez à me nommer un chargé d'affaires, chose à laquelle je répugne beaucoup parce qu'il ne convient pas entre honnêtes gens d'immiscer des étrangers dans les intérêts de famille c'est l'équité qui doit les régler. — Toute ma famille et votre oncle Antoine se portent bien et vous font des compliments. Je vous prie d'embrasser votre maman pour moi, de dire mille choses amicales à vos frères et sœurs ainsi qu'à toute la famille de ma part. Dites à votre oncle Hubert que j'embrasse, que les greffes qu'il m'a envoyées me sont arrivées en bon état.

Adieu mon cher neveu, je vous embrasse de tout mon cœur et suis votre affectionné oncle.

P. COZE.

Suscription :

A Monsieur Monthuy-Ousselin, négt, pour remettre à M. L. Coze, fils, à Beaulieu, à Marquise, Pas-de-Calais.

VINGT-TROISIÈME LETTRE

M. Ternau. — Frais à éviter. — Ma chère mère. — L'abbé Antoine. — Rozier a grandi. — Votre mère.

Strasbourg ce 11 avril 1810.

Mon cher neveu,

Sur l'assurance répétée dans vos deuil lettres que vous m'acquitterez au 15 mai

prochain la somme de 2,055 liv. 7 s. 8 d.
que vous me devez pour solde du capital j'ai
pris ma lettre de change sur vous qui se
trouvera entre les mains de M. Ternau, receveur des contributions de la sous-préfec-
ture de Boulogne. Ainsi prenez mesures
pour que cette somme soit payée au jour fixé
du 15 mai autrement la lettre serait pro-
testée ce qui vous couterait des frais. J'ai
cru devoir vous prévenir à tems pour qu'il ne
vous arrive pas de désagrémens, ce qui me
ferait beaucoup de peine si les affaires que
nous avons ensemble vous engageaient dans
un procès et des dépenses extraordinaires.
Je vous prie mon cher neveu de présenter
mes respects à ma chère mère, de dire mille
choses amicales à toute la famille et d'embrasser votre mère, vos frères et sœur de
ma part. Tout à vous mon cher neveu je
vous embrasse de tout mon cœur.

P. Coze.

Toute ma famille vous fait des complimens. L'abbé Antoine se porte bien. Rozier
a beaucoup grandi depuis que vous l'avez vu.

Suscription :

*A Monsieur Monthuy-Ousselin, nég^t, pour
remettre à M. Louis Coze, propriétaire à
Beaulieu, à Marquise, Pas-de-Calais.*

UN MOT POUR FINIR

Telles sont les lettres que j'ai cru bon de donner ici telles qu'elles sont.

Elle ne sont peut être pas irréprochables pour les pédagogues. Qu'importe ! Il faut beaucoup de pédagogues pour faire un homme de la taille de Pierre Coze.

On a dit que le maître d'école allemand avait fait la conquête de l'Alsace et de la Lorraine. Je ne sais si la chose est vraie : je pense que mieux vaut, pour cela, un soldat qu'un maître ès-sciences grammaticales.

En tout cas, à voir la nouvelle génération, je crains bien que ce ne soit pas notre maître d'école qui rende le Strasbourg de P. Coze à la France.

Les discussions grammaticales avaient fait oublier aux byzantins que les barbares étaient aux portes de la ville ; ce sera plutôt à un même résultat que nous conduira l'orgueilleuse pédagogie moderne : le clerc, le vieux magister valait encore mieux.

ERRATA

Au lieu de :   *lire :*

Pages.
v	Cosmopolitanisme,	« cosmopolitanisme ».
iv	Le boulonnais,	le Boulonnais.
7	1580-1590,	1570-1580.
13	Commanditaire,	commendataire.
19	Le baton,	et le bâton.
23	Acouchement,	accouchement.
28	On faisait,	faisait-on.
46	Arrêt,	arrêté.
	Le Dr Coze de,	le Dr Coze, de.
60	Morte en 1875,	morte en 1885,
64	Etoffe,	étoffes.
67	Eresypèle,	érésipèle.
71	Il s'essayait.....	(il s'essayait peut-être pour la révolution).
86	Félicitation,	félicitations.
91	Vitre,	vitres.

ADDENDA

Page 2. — Avant le premier alinéa *adde* :

Le nom de Coze pourrait-être aussi un nom de localité comme : *Cos* au comté de Foix, *Cause* dans le Périgord, *Causse* en Languedoc, le *Couze* au pays d'Armagnac ; et surtout Cozes en Xaintonges ; mais il n'est jamais précédé de la particule.

70. — Combat naval *add.* d'Ouessant.

74. — Le renvoi (2°) figure là par erreur ; il s'agit, en effet, de Philippe Egalité.

TABLE

IMP. G. HAMAIN, BOULOGNE-SUR-MER.

www.ingramcontent.com/pod-product-compliance
Ingram Content Group UK Ltd.
Pitfield, Milton Keynes, MK11 3LW, UK
UKHW020001100726
13658UKWH00002B/759